井尻雄久
Ijiri Takehisa

# 「売れる商品」の原動力

## インナーブランディングの思想

論創社

# はじめに

私は、20年余りの広告会社勤務で、企業の広告作りのみならず、新商品の開発や事業戦略の立案に関わらせていただきました。

しかし、この本はそれら「マーケティング」についてではなく、あくまでも「経営」について書いたものです。

これまで、ブランディングというと、マーケティングの1つの手法としてとらえられたり、あるいはイメージ戦略の1つとして扱われてきた気がします。企業のロゴを刷新するとか、広告戦略を転換して商品やサービスに対するイメージを一新するといった取り組みです。

つまり、社会や生活者の中に形成される何らかのイメージや印象をよくする取り組みが、ブランディングと考えられてきたところが多分にあると思います。

けれども、企業が事業活動を永続的に発展させていく。社会にとってより必要とされる存在になっていく。そう考えた時に、ブランディングは、これまでのような概念では立ち行かなくなってきたと思います。

国内の経済環境は、少子高齢化が必至の時代にあって、これまでのような拡大路線は望めなくなってきました。

そうした環境下、これまでと同様にシェアの拡大や差別化の強化を進め続けたところで、どこかで行き詰ってしまうのは言うまでもありません。

私が独立してほどなく、地域の活性化（＝地域ブランディング）のご相談をいくつかいただくようになりました。同時に、個人の自己実現（＝個人ブランディング）を促すセミナーのご依頼も賜るようになりました。

広告会社にいた時に企業のブランディングに関わることは多々あったわけですが、その考え方をそのまま地域や個人に当てはめると、何かしっくりこないところがあり、当初はそれぞれの課題に沿った形で解決の糸口を探っていました。

しかし、突き詰めてみると、企業が行う事業活動にせよ、行政が行う地域の活性化にせよ、それはすべて人間の営みだということに気付いたのです。そこに目を向けた時、本来あるべきブランディングとは何かがクッキリと見えてきました。

企業はなんのために存在しているのか。人生の目的は何か。

この根本に光を当てると、新しい時代のブランディングが立ち現われてくるのです。人間の「心」に焦点を合わせたブランディング。それが「インナーブランディング（internal branding）」です。「売れる商品」の原動力は、実はそこに潜んでいるのです。

本書では、企業や地域といった組織が、永続的な発展に向けて取り組むべきことを、できるだけ分かりやすくお伝えしていこうと思います。

井尻 雄久

「売れる商品」の原動力
――インナーブランディングの思想

もくじ

## 第3章 インナーブランディングの具体的実践② 

### 考えていることを「見える化」する

129

## 第6章 リーダーは「決める勇気」を持て

## 第7章 「幸福」を生む会社 153



## 第8章 「情報過多の時代」のブランディング 169

# 第1章

# インナーブランディングの重要性

## 1　幸福に直結する「らしさ」

「あなたらしさ、とは何ですか？」

そう聞かれた時、どんな思いを巡らせるでしょうか。

この問いの「あなた」を、「あなたの会社」「あなたのお店」「あなたの売る商品」「あなたの住む地域」に置き換えたらいかがでしょう。

「らしさ」という言葉を、私たちはしばしば口にします。〝自分らしく生きたい〟と願うこともあるでしょうし、〝君らしくやればいいよ〟と誰かを励ましたこともきっとあるでしょう。〝うちの会社らしくやろう〟と言う経営者もいらっしゃるでしょう。それでいて、冒頭のように「では、あなたらしさとは？」と問われると、人は案外、スラスラとは答えが出てこないものです。

私のオフィスに持ち込まれる案件は、たとえば、会社のブランド力を上げたい、商品力を上げたい、地域の魅力を向上させたい、というようなことがらです。

## 企業ブランディングの目的

その「企業らしさ」を発見し、
社員が誇りと愛着を持てるようにすること。
商品・サービスを、その企業らしいものに変え、
会社と社会を幸せにすること。

### 「らしさ」の発見

↓

○○らしい、経営ヴィジョン
○○らしい、行動規範
○○らしい、商品・サービス
○○らしい、社内コミュニケーション
○○らしい、プロモート活動
○○らしい、情報発信

ところが、「では、〝御社らしさ〟って何ですか？」と尋ねると、意外にもじつはそこが認識できていない、見えていない、そういう企業が少なくない。経営者自身からもすぐに答えが出てこなかったり、社員によって答えがまちまちだったりします。

企業だけではありません。学生やビジネスパーソンと話している際も、「ところで、〝あなたらしさ〟って何ですか？」と聞くと、たいていの人はやっぱり「えーっと……」と考え込んでしまう。つまり、そういうことを日頃あまり考えたり意識していないのだと思います。

私がなぜこのように「らしさ」ということを相手に問いかけるかというと、じつは「らしさ」が見つからないと企業も人も前に進めないからなのです。

前に進む――。ただ漫然と時間が流れるのではなく、成長していく。めざすべき方向に進んでいく。よりよく向上していく。一人の人生においても、その人の営みであるビジネスや共同体においても、これは根本の大切な問題です。

「らしさ」＝「独自性」を発見していくことは、そこに直結する重要なことがらなのです。ブランディング・ディレクターという私の仕事は、ここを発見し育てるお手伝いをしていく仕事です。この「らしさの発見」「独自性の発見」こそ、ブランディングの源泉だと私は考えています。

そもそも「ブランド」と聞くと、いわゆるブランド品と称される高級品や、地方の特色ある米や肉といった特産品を思い起こす人も多いと思います。

ブランドについての教科書にたいてい書かれていることは、この言葉の語源は北欧の古い言語ノルド語で、飼っている家畜に目印として焼印をつけることを意味する「brander」からくるということ、日本語では「商標」などと訳され、それはつまり識別するための印であるというようなことです。

これまでのブランドという概念は、他者との差別化、識別性など、他者との比較に力点が置かれて語られてきました。つまりそれは、自分の外にあるものさし――マーケットという外なる座標軸の中でどうポジションを得るかとか、競争の中でいかに勝ち残るかという視点――で考えられてきたからです。

人間にとって最も大切なことは、自分自身の人生を生き切ることです。流行っている誰かに似せることではなく、かけがえのない自分自身を磨きあげていくことです。このことは、人が生み出すモノやコト、人が営む組織にも通じていきます。企業にとっても、成功している他社のマネをすることではなく、その企業のみが体現できる独自性を磨きあげていくことがなにより肝要なのです。

## 2　モチベーションに直結する「独自性」の発見

強いチームで勝ち抜いているアスリートたちからは、しばしば「このチームで戦えることを誇りに思う」「このチームの一員として試合に臨めることを誇りに思う」という言葉が発せられます。

そこには所属するチームに対する「誇り」と「愛着」が滲み出ています。強いチームには、この選手個々が抱く「誇り」と「愛着」があるのです。それは結果を出すチームに〝不可欠〟な要素と言ってもいいでしょう。なぜなら、「誇り」と「愛着」こそが、選手たちのモチベーションそのものだからです。

かつて広告会社に勤務していた時に私が関わらせていただいた仕事の1つに、三菱鉛筆のお仕事がありました。1887（明治20）年創業の、日本の筆記文具の老舗です。

同社のロングセラー商品に「POSCA（ポスカ）」という水性顔料インクのマーカーがあります。1983年の発売ですから、誰もが目にしたことがあるでしょう。どんな素材にでもポスターカラーのビビッドな色が乗り、しかも重ね書きできるという特性で人気となり、販売促進用のPOPなどには欠かせないツールとして定着しました。

特に、細書きタイプの登場でプリクラに文字や絵を書きこむ女子中高生たちの間では定番アイテムとなり、またヨーロッパなどでもアーティストに注目されるなど、国内外でその認知は不動のものとなりました。

ただ、IT時代の進展と共に筆記具の需要に陰りが生じたことに加え、家庭での日常的な利用では使われる場面が今ひとつ広がらず、発売30周年の2013年を前に、売り上げは横ばいになっていました。

そこでご相談いただいたのは、この「POSCA」の売り上げを再び伸ばしていくにはどうしたらいいかというものでした。同社にとってはすでにロングセラーの商品であり、それこそ若い社員にすれば生まれる前から存在していた商材です。そこにあってあたりまえで、逆に言えば今さら特別に何かをアピールできるアイテムではなかったのかもしれません。

まずは三菱鉛筆の社員の方々に、この「ＰＯＳＣＡ」を家に持ち帰って使っていただきました。あるいは友達にワンセットさしあげたりして、何でもいいので「ＰＯＳＣＡ」を使った作品を持ち寄るという〝宿題〟を作ったのです。

すると、どういうことが起きたか。社員自身が「この商品、意外とおもしろい」「こんな楽しい使い方ができた」と「ＰＯＳＣＡ」の魅力を再発見していったのです。こうなると、営業の人たちが得意先を回る時も、ものすごく自然に「これ意外といいんですよ」と伝えたくなります。自分たちがおもしろさを発見した使い方を提案する販促活動を進めていくと、かつてプリクラ世代だったママたちを中心に、反響が広がっていきました。

私は、その直後に会社を退職したので、その後どうなったのか、詳しくは知りませんでした。先日、たまたま同社の方とお会いしたら「あれから、どうなったか知ってますか？」と笑顔でおっしゃるのです。商品そのものは変えていないのに、売れ行きが伸び続けているというではありませんか。

それをうかがって、私はあらためて「誇り」と「愛着」によって生み出される力を実感しました。よく〝モチベーションが上がる〟という言い方をしますが、それはハイテンションになるような一時的な感情の昂ぶりでもなければ、「やる気」を出す出さないという話でもありません。具体的には「誇り」と「愛着」を強く持つということなのです。

では、その「誇り」と「愛着」はどこから生まれるのか。上司から〝誇りと愛着を持て！〟と命令されて持てるものではありません。それはチームであれ商品であれ、そのものの「らしさ」「独自性」を発見することから生まれるのです。

あえて言えば弱点や欠点さえも含めた、自分にとってのかけがえのなさ。所属するチーム、売ろうとする商品、暮らす地域。それが他とは違うかけがえのないものだと実感できた時に、人はおのずから、そこに最大限に貢献したいと強く願うのではないでしょうか。貢献できることそのものが、その人にとって幸福だからです。

## 3　会社は〝なんのため〟にあるのか

日本は既に少子高齢化の時代に突入しており、国内マーケットは今後ますます小さくなっていきます。それで海外に出ていく企業も多いのですが、海外でも国内と同じような競争にさらされている。インドや中国にマーケットを伸ばそうとすれば、そこに設備投資もしなければならないし、人員も確保しなければなりません。そしてまた弱肉強食の、生き馬の眼を抜くような過酷な競争を繰り返しているのです。

うまくいく場合もあれば、国内よりももっと熾烈な競争になって、早々に撤退を余儀なくされている企業もあります。どちらにしても、こういうことを繰り返すだけでは、疲弊し、やがて行き詰まり、働く人がけっして幸せにはなれないだろうことは目に見えています。

そもそも、会社はなんのためにあるのか。それは、経営者もそこで働く人たちも、お互いが幸せになるためにあるはずです。さらに言えば、企業はそれぞれの役割において、社会を幸せにするからこそ存在する意義があるはずです。

18世紀半ばから19世紀の産業革命を経て、20世紀の世界は人類史上かつてなかった大きな繁栄を遂げました。しかし結果としてそこに生じているのは「競争のための人間」「企業の利益のための人間」「社会のための人間」という姿です。いつしか人が〝目的〟ではなく〝手段〟になっているのです。それがどれほど殺伐荒涼とした光景を作り出しているか、今さら説明するまでもないでしょう。

企業とは本来、そこで働く人、顧客、取引先はもちろん、広く社会のための公共的な存在のはずです。経営者だけのためのものでも、株主だけのためのものでもありません。

２０１０年代も後半に入った今、企業のあり方、社会のあり方も、〝競争の中で生き残る〟ためではなく〝社員と会社がお互いに幸せである状況〟を作っていくため、と根本的に転換するべき段階を迎えていると思います。

人が経済活動の手段になっている本末転倒を脱出し、「幸せのための働き方」「人のための企業」「人のための社会」という、本来あるべき形に転換していくことが、21世紀の新しい社会のあり方であり、「企業のあり方」だと私は思っているのです。

## 4　ブランドとは「人を幸せにする存在」

そのためには、その会社が持っている本来の役割、言葉を変えれば〝使命〟にもう一度目を向け、そこを明らかにし、磨いていくことが必要です。

なんのために自分たちの会社は存在しているのか。この原点を磨きあげていくことを幸せだと考えられる会社に変わっていかなければならない。

さもなければ、常に目の前の利益という数字だけを追い、その数字の獲れない事業は切り離すとか、人員をリストラするということを繰り返すしかなくなります。競争に敗れれば倒産するほかありません。

実際、かつて一世を風靡し、若者たちに憧れられ、世界から尊敬されていたような企業が、そうした厳しい状況に陥っている事例も少なくありません。

私がブランディングの仕事を請け負う際に、「〝御社らしさ〟って何ですか?」とお聞きするのは、このためなのです。

## ブランドとは？

安心のしるし　信頼の証し

高品質　いいもの　付加価値

納得感のあるもの　好きになれるもの

あこがれ　など

＝

## 人を幸せにする存在

自分たちの会社が世の中で果たさなければならないことは何なのか。自分たちの会社にしかできないことは何なのか。企業にとっての〝自分らしさ〟とは何なのか。その「独自性」を発見していく。

ブランドという考え方も、従来のように差別化や識別性という側面よりも、本来は〝独自性の追求〟が大切だと思うのです。内部にある独自性をどう力あるものにしていくか、という発想に変えていくべきなのです。そこが見えてくると、「ああそうか、うちの会社がやらなければならないことはこれだな」と気づきます。

すると当然、経営者自身も、あるいは従業員自身も、「自分が、会社の中で担っていかなければならないことはこれだな」と、今度は自分の役割に引き当てて自覚することもできる。会社の使命を明確に磨きあげていくことは、即、そこに関わる人々の使命の自覚にも通じていくのです。

つまり「ブランド」とは、〝人を幸せにする存在〟なのです。単に商標やデザイン、商品といったものの名称ではなく、人々の心に何を生み出すのかというところにこそ「ブランド」の本質があると私は思っています。関わるあらゆる人々に、幸せになってもらってこそ、「ブランド」なのです。そのブランドを享受する側の人だけでなく、提供する側にとっても〝幸せにする存在〟が、ブランドになり得るのです。

それが、この本で私が語ろうとしている「ブランド」であり「ブランディング」です。

## 5　選ばれるブランドになる

ところで、私たちが日常的に行っている「商品を買う」という行為、また、いくつかの選択肢から「商品を選ぶ」という行為は、どういう行為なのか。ここで改めて考えてみたいと思います。

お金を出して何かを買うという行為は、あえて言えば「将来、自分の身に訪れる幸せな時間への投資」です。つまり、自動販売機にお金を入れてドリンクを買うのは、何十秒か後にのどを潤してリフレッシュする時のための投資であり、車を購入するのは数週間後に訪れる便利な生活への投資ということが言えます。

食材を買うのも、本を買うのも、音楽をダウンロードするのも、家を購入するのも、お金を払って「商品を買う」というのは、それが数分後か数時間後か、はたまた数年後に訪れる「幸せな時間」のための先行投資をしている行為なのです。

それでは、幾つかある選択肢の中から1つの「商品を選ぶ」という行為は、どのようなことでしょう。それは、その選択肢の中から、「自分が最も幸せになれそうなものを決める」という行為だと考えられます。

たとえば、ペットボトルの飲料水を買おうとした時、同じ内容量で同じ価格の「水」が3種類、並んでいたとします。3種類はそれぞれ別のメーカーのものだとして、あなたはその中から1つを選択するわけです。なぜ、その商品を選んだのか。3つの中で一番幸せな気分になれそうだからその商品を選んだ、ということになると思います。

では、どういったことから「最も幸せになれそう」と、私たちは判断しているのでしょう。それは、「過去の経験」です。過去に幸せな気分にしてくれた経験が、その商品を選ぶという行為にさせているのです。その「過去の経験」とは、同じ商品を過去に利用した経験や、そのメーカーが出している他の商品を利用した経験、または、その商品の広告を

**【買う】**

将来自分の身に訪れる幸せな時間への先行投資

**【選ぶ】**

もっとも幸せになれそうなものへの期待

**【選ばれる商品】**

過去の経験で幸せな気分をもたらしたモノやコト

商品・関連商品・広告・パッケージ・社員の言動
企業理念・SNSからの情報　など

通じて受けた印象などです。あるいは商品を購入する直近の〝経験〟で言えば、パッケージを見た印象ということも、それにあたるでしょう。

いずれにしても、私たちは「過去の経験」を通して、幸せな気分をもたらした商品やその企業の商品を選ぶ行為をしているのです。

そうした観点からも、ブランドとは〝人を幸せにする存在〟ということが出来ます。誰からも選ばれない存在になってしまったら、それはブランドとは言えなくなってしまいます。

ただし一方で、幸せを感じるポイントは人によって異なります。ある人にとってはAという商品が幸せを感じる。別の人にとってはBの商品に幸せを感じる。論理的には100%の支持を受けるブランドになることをめざしても、それは不可能です。むしろ一人でも多くの人に「幸せ」を実感していただき、できるだけ多くの人に喜んでもらえるブランドをめざすべきでしょう。

## 6 「誇り」と「愛着」を生み出すインナーブランディング

事業が継続的に発展し続けるための原動力とは何か。それは、経営者そして社員が抱く自社への「誇り」と「愛着」です。気合いを入れるとか、やる気を出すとかいう、曖昧模糊とした精神論ではなく、「誇り」と「愛着」から生まれる内発的なモチベーションです。

この具体的実践が、私が本書で語ろうとしている「インナーブランディング」なのです。

ここまで書いてきたように、人が何かを買うというのは、それによって幸せになれる、あるいは幸せになれそうな気がするから行う行為です。過去とは比べものにならないほど情報が氾濫する時代になって、今や人々は情報を探すことよりも遮断していくことにウエイトを置いています。

そこで人々のアンテナが向くようになってきた先は、心の機微だと私は思っています。単により多くのモノ、より新しいモノを所有したがってきた時代は終わり、自分を「幸せ」にしてくれるモノやコトに、人々の関心は向かっています。

その人々を幸せにする商品を世の中に出すためには、その商品に関わっている人、その会社で働いている人が幸せを実感できていなければなりません。作っている人、売っている人、送り出している側の人が幸福でなくて、それを買う人が幸福になれるはずがないのです。

「インナーブランディング」という言葉そのものは、「アウターブランディング」の対義語として一般的にも使われはじめています。ただ私は、その画竜点睛として「幸福感」ということを定義しています。ここが抜け落ちてしまうと、なんのための企業なのかがわからなくなってしまうからです。

他との差別化を図るといったようなブランディングではない。その企業や地域に内在する「独自性（＝らしさ）」を発見し、その「独自性」をすべての事業活動を貫く基軸にしていくこと。これこそが事業の持続的な発展につながるのです。

そのために具体的にどのような取り組みをしていくべきなのか。これを第2章以降で詳しく説明していきたいと思います。「インナーブランディング」こそがブランディングの本質であり、新しい時代の〝人と社会の幸福〟に直結することを、本書で明らかにしていきます。その作業なくしては、売れる商品は生まれないのです。

第2章

# インナーブランディングの具体的実践①

——独自性こそ事業成長の源泉

## 7 「ものさし」を変える

私は事業にしても商品にしても、そのブランド力を生み出すためには、自分たちが本来持っている力、一番大事にしようとしているものは何なのかを、プロジェクトに関わるチームの皆で発見し共有することからスタートするようにしています。

そうしないと「競争の中で勝てるものは何か」というような話にしかなりません。会議でそういう話ばかりしている企業もありますが、中長期的に見れば、そんなのは脆くて危ういものでしかないのです。

そしてまた、〝なんのため〟というところが見つけられず漠然としていては、いろんな方向にエネルギーが分散されてしまいます。めざすべきところに力が集約されないから、持てる力が発揮されない。すると、歳月と共にますます〝なんのため〟が見えなくなってしまいます。

ブランドというものを、他との比較ではなく、その会社自身、その事業自身の内なる独自性の力に見いだしていく。

つまり、流行りがどうだとか、何がメディアで話題になっているとか、よその何が売れているとかいった、外側のものさしやマーケットの座標軸ではなく、自社の強み、自社のやるべきことに、視点の基軸を定めていくのです。会社や商品の強みをクリアにしていくことによって、ものさしそのものを外から内へ、相対的なものから絶対的なものへ変えていくのです。

私はもともと広告会社で働いていたので、さまざまな企業から広告作りの依頼を受けました。それで、「この商品は誰のために、どんな価値を発揮するのですか」と尋ねていくと、広告主側で意外とそこが明確でなかったことが多いのです。

何かを作って世の中に送り出そうとする側に、その「独自性（＝らしさ）」が不明確であれば、何を情報として発信するかもボケてしまいます。実際、そういう広告に終わっているケースは世の中には少なくありません。

ということは、その「独自性」を発見していくことは、むしろその企業やその事業が発展していく源泉になり得るのです。その「独自性」をお客様と共有していくことが、商品が売れ続けるという経済活動につながっていくのです。

## 8　独自性を力に変え、成長の源泉にしていく

私がよくお話しする1つの事例があります。明治の「キシリッシュ・パフューム」というガムです。

ずっと右肩上がりだった日本国内のガムの消費量が、2004年あたりから下降に転じました。少しでも需要を増やそうと、各社は新製品の開発にしのぎを削り、たとえば「味が長持ちするガム」なども相次いで発売されています。

〝二匹目のどじょう〟と言いますが、何かがヒットすると、それに便乗して、あるいはそれに負けまいと、同じような企画を打ち出すという例は世の中に珍しくありません。しかし、明治のガム開発チームは、ものさしを変えて、そもそも自社の強みは何なのかと考えたのです。その結果、自社には「吐息に香りをつける」という他社に負けない技術力が

あることを再発見したのです。だったらそこに最大限の価値を削ぎ出していくことが、自分たちの会社のためにも消費者のためにもよいのではないか。

こうして2012年に誕生したのが「キシリッシュ・パフューム」というガムでした。パッケージも香水の瓶をイメージしたものにし、〝息香る〟というコンセプトで発売して好評を得たのです。

人が口臭を意識するのは恋愛と関連し、恋愛を意識し出す年ごろから口臭を気にするというデータもあるようです。この〝息香る〟ガムが、ガム離れが進んでいる若者層からの支持を獲得し売り上げを伸ばせたのは言うまでもありません。

外側のものさしで測って、他と〝差別化〟したのではなく、そもそものものさしを自分たちの会社の強みは何かというところに定め、他にはない独自の価値を作り出した。まさに、自分たちの「らしさ」をクリアにし、その「らしさ」をお客様と共有することに成功したのだと思います。

たとえマーケットの中にあるものさしで戦うということでも、根本は自分たちの独自性をいかに力に変えていくかに紐づいていなければならない。何かと戦って拡大していくということではなく、自らの持っている独自性を成長の源泉にしていく。そういう発想で「ブランド」を考えていかなければならないと私は思っています。

外にあるものさしの中で競争優位性を作っていくだけの「ブランド」の発想から、独自性を磨いていく「ブランド」へと視点を転換することは、どの分野、どの業界においても、とても大切なことなのです。

## 9 「情熱の総量」がブランドの強さ

その上で、ではブランドの強さというものはどこから生まれるのか。

私は、それは〝情熱の総量〟だと考えています。そのブランドに関わっている人がどれくらいいるのかということと、その関わっている人たちが、ブランドに対してどれだけ強い情熱を傾けているのかということの掛け算の総量です。

もちろん、関わっている人というのは、作り手側、企業側だけでなく、消費者も入りま

## ブランドの強さ

ブランドに関わる人の数×注がれる1人あたりの情熱

||

「情熱の総量」

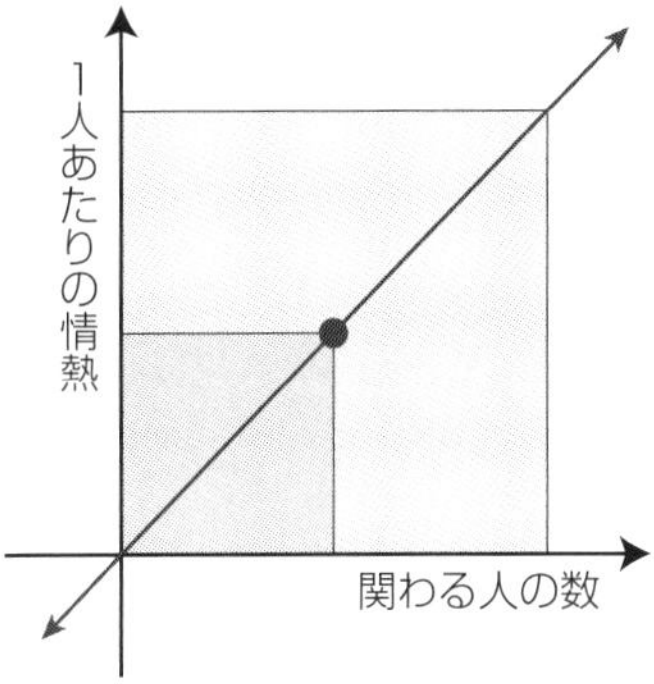

す。買う側が、その商品を好きになって、お金を払う。人に薦める。あるいは意見をする。すべて、情熱です。

ブランド力を強くするためには、まずなによりも、企業の中のプラスの情熱を高めることが必須です。となれば、働いている環境がよくなかったり、ブランドに対して社内で合意が形成されていないということがあると、当然モチベーションは下がってしまいます。

ですから、どのようなブランドに磨きあげていくのかというヴィジョンは、そこで働く社員のモチベーションが上がるものでなければなりません。そうやって情熱の総量を高めていかないと、世の中から好かれるブランドになるはずもないのです。

逆に言うと、お客様というのは一緒にブランドに情熱を傾けてくださる存在ですから、もしも好きなブランドから裏切られた場合には、今度はマイナスの情熱が働いてしまいます。言い方としてはちょっと変ですが、情熱にはプラスもマイナスもあるのだということを、ブランドを育てていく際には知っておく必要があります。

2013年、ホテルやレストランなどの食材における、いわゆる〝偽装問題〟がクローズアップされました。一流と称されるホテルやレストランというのは、一流のシェフが一流の食材で料理を作っているはずだと消費者は考えているわけで、だからこそ高い料金を払ってでもお客様は来ているのです。

それが、過当競争の中で少しでも多く集客し利益を上げるというところだけに目が行って、安い食材を高級食材に偽装するようなことがいつの間にか横行していた。仕入れる人も調理する人も、分かっていたはずなのです。企業の利益を上げることが目的化されて、そこで働く人たちがブランドに対して強い情熱を傾けられなくなっていたのでしょう。結果として、そのブランドを愛していたお客様の情熱を失うことになってしまったのです。

## 10 ブランディングとは「幸せな関係づくり」

述べてきたように、「ブランド」とは識別性や差別化といった他との比較ではなく、どこまでも自分たちの内側にある〝独自性〟に目を向け、これを発見し、磨きあげていく挑戦の中で育てていくものです。そして、繰り返しますが、それはマーケットの中で〝競争に勝つため〟にあるのではなく〝人を幸せにする〟〝社会を幸せにする〟ためにあるものだと私は思います。

単に自己主張するとか、売れるために立派そうに見せるとか、高級なイメージを与えるといったことではなく、自分たちと世の中とが相互に〝幸せな関係〟になっていくところに「ブランド」の本質があるのです。つまり「ブランディング」というのは、この〝幸せな関係づくり〟だということができます。

これを図式にすると、次頁の図のようになります。独自性を磨きあげていくという視点と発想に立てば、「ブランド化」はさまざまなことがらに応用し実現させていくことが可能です。企業そのものをブランドとして育てることはもちろん、個別の商品・サービスやラインナップのブランド化も可能ですし、近年では地域や国家のブランド化に取り組む例もあります。特定の社内セクションをブランド化することも可能です。また、伝統技能やアーティストなど個人がブランディングの対象となる場合もあります。ビジネスの場面だけに限らず、たとえば「就活」や「婚活」などもある種の個人におけるブランド作りが必要な時かもしれません。

## ブランディングとは

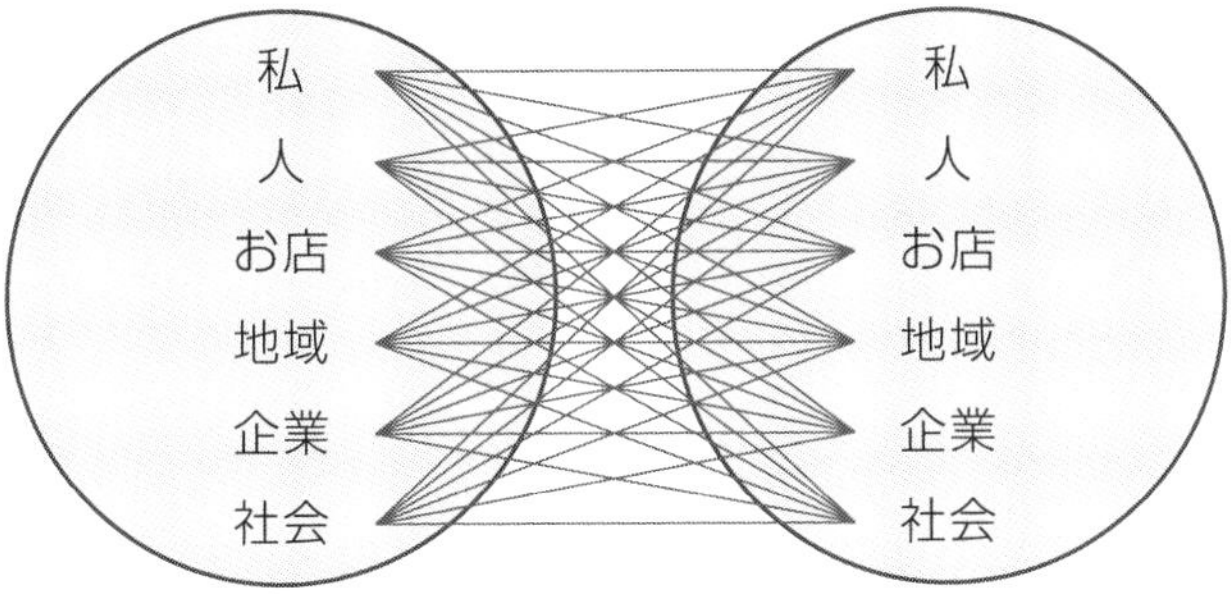


幸せな関係づくり

図の中では「私」と「私」も〝幸せな関係〟として線で結ばれていますが、自分と自分自身とが〝幸せ〟な関係になるということは、じつはとても大事なことです。自分自身のことが好きになれなかったり評価できない人が、外なる世界と〝幸せな関係〟を築けるはずもないからです。本来あるべき自分と今の自分を幸せな関係にしていく。少し難しい話に聞こえるかもしれませんが、それが本来の〝パーソナルブランディング〟と言えるのではないでしょうか。

## 11 〝無理をする〟スパイラルがブランド力を低下させる

ブランドづくりには、必ずしもその企業に歴史や伝統がなければならないということはありません。

私は、ブランドづくりの仕事をするにあたって、あえて「ブランドコンセプト」とは言わず、「ブランドヴィジョン」という言葉を使うようにしています。コンセプトが概念や観念という意味であるのに対し、ヴィジョンとは、未来像、洞察力、先見といった意味です。すなわちブランドというのは常に未来志向であるべきだと思うからです。

ある商品をブランドとして育てたいとか、企業を成長させたいとか、または地域を活性化させたいと考えること。将来こうなりたいと思い描くこと。未来への思いを描かなければ、企業も地域も、そこに向かって成長することはできません。ヴィジョンを描くことが「因」となって、成長・発展という「果」があるわけです。

ところが、経営者の方とお話をしていて「御社はどういうヴィジョンをお持ちですか？」と尋ねると、往々にして何年後に何億円を達成するというような〝数字目標〟が返ってくることがあります。「社会からこのように思われる会社に育てたい」というような話をされる方はなかなか少ないのが現実です。

ヴィジョンが数字に留まってしまうと、その数字の達成のために、会社も社員も無理をしてしまいます。それが仕事というものじゃないかとお叱りを受けるかもしれませんが、ここにリスクがあるのです。

たとえば数字の達成のために、やりたくない仕事、あるいは、やるべきでないと思う仕事まで受けてしまったり、場合によっては値引きに応じるといったことが生じてしまいがちです。

けれども、数字のためにやりたくもない仕事をすれば、モチベーションは下がります。その結果、仕事の質も落ちるでしょう。値引きに一度応じてしまうと、相手は次も期待してきます。そういう関係を継続しようとすれば、今度はコストの削減が求められてきます。そのコスト削減を実行しようとすれば、次は材料の仕入れ先など、そこにつながるところにモチベーションの下がる人をたくさん生み出してしまいます。

そうやって無理をして達成した数字は、翌シーズンもまた達成すべき数字になってしまい、結果として〝無理をする〟スパイラルが働き続けていくことになります。前述したようにブランド力というのは〝情熱の総量〟ですから、そうなれば、そのブランド力は落ちていかざるを得ません。ゆえに、ヴィジョンとして数字を第一にするべきではないと私は考えているのです。

では、何をヴィジョンの第一に掲げるべきか。やはりそれは、「誰のために、この会社はあるのか」「社会の中で、誰に喜んでもらうためにこの商品を作ったのか」という〝なんのため〟です。そこが揺るぎなくヴィジョンとして明示されていることが重要で、売り上げとか利益というものは、あとからついてくるものだと考えるべきです。そうでなければ、皆が情熱を傾けられるブランドには育たないでしょう。

ブランドというものの本質が、マーケットの中でのポジションとか他社との比較ではなく、あくまで自社の〝使命を磨くこと〟であり〝独自性の追求〟であり、その内なる独自性を力に変えていくことだというのは、そういうことです。

それなりに名の通った数多くのホテルやレストランが、異なる食材を高級食材と偽って表示してお客様に提供していたことは、単なる表示の問題ではなく、ヴィジョンが売り上げや利益という数字の追求になってしまうことの危うさを語って余りある出来事だったと私は考えています。

## 12 〃なんのため〃の、ど真ん中にくるもの

少し頭の中を整理しましょう。

企業であれ、商品であれ、地域であれ、成長し発展するためには、常に未来に向かって「こうなりたい」「こうあるべきだ」という〃ヴィジョン〃を明確に描くことが必要です。一方で、それは売り上げや利益というような単なる数字であってはいけません。数字を追い求めることが第一になると〃無理をするスパイラル〃が生じやすく、そうなると関わる人々の情熱の総量が高まるどころか下がってしまいます。

ヴィジョンとして未来に向かって掲げるべきものは、〃なんのため〃という自分たちの存在理由、自分たちの使命の実現であり、本来の独自性を力に変えていくことです。自分たちが本来持っているもの、一番大事にしているものを磨きあげていく。そのことに、自分たちが最大の喜びとモチベーションを感じ、お客様を含めて、関わるすべての人の情熱を高めていく。これが「ブランドの力」になります。

つまり、ブランドとして「独自性」を磨きあげていくことは、〝してもしなくてもいいこと〟ではなく、前に進むために不可欠なことなのです。時代の変化の激流に呑み込まれることなく、着実に成長し発展するためには、「らしさ」を発見し、それを月々日々に磨きあげていくことが大切です。「独自性」こそが成長の源泉なのです。

そして、ヴィジョンの第一に置くべき〝なんのため〟の、そのど真ん中にあるべきものこそ〝社員と会社がお互いに幸せである状況〟です。

この〝幸せ〟の内実については後段の章で詳しく考えたいと思います。しかしハッキリ言えるのは、株価の上昇やマーケットの中の順位のために会社があるのではないということです。経営者も社員も人です。百年に満たない限られた人生の時間を生きている人です。人は誰もが〝幸せ〟になるために生きています。「この会社を作って、不幸な人生をめざそう」と思う創業者もいなければ、「この会社の利益を上げるために自分は不幸になろう」と決意して入社してくる人もいません。

働いている人が〝幸せ〟を感じられないような企業が、お客様を〝幸せ〟にできたり、社会をより良くできるはずがないのです。働いても働いても経営者も社員も心が満たされない会社が、20年、30年と発展を遂げられるわけがないのです。

「誰のために、この会社はあるのか」「社会の中で、誰に喜んでもらうためにこの会社を作ったのか」と問うならば、なによりも経営者自身が〝幸せ〟になるためであり、共に働いてくださっている人すべてが〝幸せ〟になるためでしょう。結果的にお客様や社会に喜んでもらう会社になるためには、ここが明確に最上位に置かれていなければならないと思います。

## 13 「社員を幸せにする会社」の奇跡

このことを実感できる、素晴らしい会社を紹介しましょう。

長野県の諏訪湖から少し南側、天竜川沿いの伊那市に伊那食品工業という会社があります。従業員数５００人に満たない、文字どおりの地方の中小企業です。

ところがこの会社は、寒天の製造で国内シェアの80%、世界シェアの15%を占めるメーカーなのです。それだけではありません。この会社は創業以来48年間連続増収増益を達成したことで、トヨタをはじめとする名だたる企業から熱い注目と尊敬を集めているのです。「かんてんぱぱ」という自社ブランド製品と直営店を持ち、東京ドーム2つ分の敷地があるという伊那市の本社には、連日、見学者の他、寒天製品を目当てに観光バスでお客様がやって来ます。

それにしても、オイルショックやバブルの崩壊をはじめ、幾多の景気の波があった約半世紀を連続増収増益でこられたというのは、すごいことです。しかも、この会社は「年功序列」「終身雇用」を堅持し、「リストラをしない」のです。

今や、多くの企業で「成果主義」「能力主義」を標榜し、工場閉鎖や採算の取れない事業の廃止、レイオフやリストラの実施が繰り返されています。伊那食品工業は、そうした〝常識〟から外れたとも思える経営方針で、奇跡的ともいえる堅実な成長発展を遂げ、国内外に確固たる地位を固め、熱心なファンを抱えておられるのです。

さらに私が感銘を受けたのは、この会社が「急成長をしない」という明確な主義を掲げていることです。〝年輪経営〟と謳って、樹木が年々に少しずつ年輪を重ねて成長することを会社の理想とし、意図して〝低成長〟を続ける努力をされているのです。何度か大手スーパーのチェーンから取引きの申し込みがあった際も、お断りしてきたそうです。

急成長をめざせば、原材料の確保、設備の増設、人員の確保なども一気に必要になります。それは、ブームの終焉や天候不順など、外的要因の変化で躓くリスクを高めます。樹木の年輪は、若い時は伸び幅が大きい。けれども、成長するにしたがって伸び幅は小さくなります。幅は小さいけれど、必ず増えていく。この会社は、あえてそういう成長のしかたをめざしているというのです。

この伊那食品工業の事実上の創業者であり、2005年に代表取締役会長になった塚越寛氏は、著書『リストラなしの「年輪経営」――いい会社は「遠きをはかり」ゆっくり成長』（光文社、2009年）の中で、次のように述べておられます。

経営にとって「本来あるべき姿」とは、「社員を幸せにするような会社をつくり、それを通じて社会に貢献する」ことです。売り上げも利益も、それを実現するための手段に過ぎません。

会社を家庭だと考えれば、分かりやすいでしょう。社員は家族です。食べ物が少なくなったからといって、家族の誰かを追い出して、残りの者で食べるということはあり得ません。

会社も同じです。家族の幸せを願うように、社員の幸せを願う経営が大切なのです。また、そう願うことで、会社経営にどんどん好循環が生まれています。

伊那食品工業が半世紀に亘り、増収増益が続けられた秘密も、ここにあります。

「会社は家庭」「社員は家族」というと、高度成長期の日本の企業で語られていたスタイルのように思われるかもしれませんが、それとはまったく別物だと思います。

戦後の復興を成し遂げ、高度成長期の日本経済をデザインし牽引したリーダーたちは、1930年代から40年代の「総力戦体制」でエリート教育を受けた人々でした。近年、このことは多くの研究者に論じられています。昭和の日本は、終戦を境に軍事から経済へ衣替えはしたものの、国家の計画のもと、国民が一丸となって突き進むという姿は戦前戦中からひと続きのものだったのです。

高度成長期に叫ばれた会社を家族に擬する考え方は、国民すべてを戦時体制に動員した戦前戦中のエモーションと、さながら通じ合うものがあります。そこでは、社員は会社を発展させるための〝手段〟であり、国民は日本経済を強くする〝手段〟ですらあったのではないでしょうか。「競争のための人間」「企業の利益のための人間」「社会のための人間」です。

これに対し、塚越氏が貫いてこられた哲学は、社員の幸福を〝目的〟とするものです。売り上げも利益も、社員の幸せを実現するための手段だと明快に言い切っておられます。その〝社員を幸せにする会社〟を通して社会に貢献するとおっしゃっているのです。「人のための社会」「人のための企業」「幸せのための働き方」という、21世紀のあるべき姿を、塚越氏は半世紀も先んじて実践し、それが可能であることを証明してこられたと私は思っています。

インナーブランディングの実践において不可欠な「誇り」と「愛着」というのは、20世紀に強調されていたような、外から与えられる〝外発的〟な愛社精神とはまったく異なります。そこにあるかけがえのない独自性を自分たちで見出し、そこから社員個々人の内に湧き出す〝内発的〟なものです。

これからの時代、これからの世界を貫くモラルの基軸は、「他人の不幸の上に、自分の幸福を築かない」という一点であろうということを、私は強く確信しています。マニュアル化され、シロクロの判断があらかじめ外から設定されている規則と違い、このモラルは問いかけも判断も自分自身が引き受けなければなりません。まさに〝内発的〟なモラルです。内発的だからこそ、これを実践することは、そのままその人の尊厳を輝かせていけるのです。

人が生きていく上でも、事業をしていく上でも、あるいは国と国との関係でも、往々にして、あちらを立てればこちらが立たずといった、利害の絡み合うジレンマの場面というものがあります。それでも最後は何らかの判断を下さなければならないわけですが、そこで大事なことは、簡単に割り切り目をつぶって渡るのではなく、「他人の不幸の上に、自分の幸福を築かない」という自分に対するモラルをゆるがせにせず、葛藤し、熟慮し、忍耐を厭わないことだと思うのです。

経営者もまた、どんなに誘惑があったとしても、お客様や社員の不幸の上に会社の収益や、ましてや個人の利益を築くべきではありません。そんなものが永続するわけがないからです。大多数の〝負け組〟の犠牲の上に一部の〝勝ち組〟が成立することを自明とするようなゼロサムのマネーゲームなど、決別すべき虚業でしかありません。

かといって、自分を犠牲にして誰かに奉仕するというのは、理念としては美しいかもしれないし、また瞬間的にはそれが求められる場面があったとしても、これもやはり永続できないでしょう。社員の幸せのため、社会の繁栄のためには、経営者が幸せになり、会社が堅実に長く栄えていく必要があります。

冒頭で、〈企業のあり方、社会のあり方も、〝競争の中で生き残る〟ためではなく〝社員と会社がお互いに幸せである状況〟を作っていくため、と根本的に転換するべき段階を迎えている〉と述べたのは、そういう意味なのです。

第3章

# インナーブランディングの具体的実践②

——考えていることを「見える化」する

## 14　セブン‐イレブンの挑戦

それでは、経営ヴィジョンを、関わるすべての人が共有するにはどうすればいいか。まず私自身が関わらせていただいた2つの事例からご紹介しましょう。1つは、私が広告会社にいた当時に関わらせていただいたセブン‐イレブン・ジャパンの取り組みです。

セブン‐イレブンは、国内最大の1万8000を超す店舗数（2016年3月時点）を持つコンビニエンスストアで、その数はチェーンストアとしても今や世界最大です。しかも、全店舗の平均日販額でも他社を大きく引き離してトップを走っています。この会社のブランディングをお手伝いさせていただいた経験は、私にとっても大きな財産となりました。

同社の生みの親である鈴木敏文会長（CEO）は、早くから「コンビニは価値の高い商品を提供し続けなければならない」という考えを持たれていました。せっかくお客様に買っていただくなら〝一番いいものを提供する小売りであるべき〟という理念です。

そして2010年の春から、セブン‐イレブンは、アート・ディレクターの佐藤可士和氏を迎えて、新たなブランディングに取り組んだのです。佐藤氏は、ユニクロ、楽天、ホンダ、ヤンマー、キリンビール、TSUTAYAなどのブランディングを手がけられてきた、日本を代表するアート・ディレクターです。

何十回ものミーティングを繰り返し、佐藤可士和氏の手によるセブンプレミアム、セブンゴールドなどの新しいロゴマークとパッケージを揃えた「セブン‐イレブン・ブランディングプロジェクト」の発表会が開かれたのは、あの東日本大震災を経た2011年5月末のことでした。

図らずもあの大震災は、私たちの社会にとってコンビニというものが、もはや〝ライフライン〟そのものであるということを浮き彫りにしました。コンビニが日本社会に進出し定着しつつあったかつての時期と比べると、人々の暮らし方、働き方も大きく変化し、消費者がコンビニに求めるものも当然ながら変わってきているわけです。

## 15　コンビニの域を超えたクオリティ

今は全国にあたりまえのようにあるコンビニですが、日本で最初のコンビニが誕生したのは１９７４年5月のことでした。東京都江東区豊洲にある、セブン‐イレブン第1号店がそれです。以来、いくつものコンビニチェーンが登場し、すっかり日本社会に定着しました。

ところが２０００年代に入ってから、日本のコンビニ業界は売り上げが前年割れするような状態になります。この頃になると、市場が既に飽和状態になってきたと指摘されていました。さらにコンビニの存在があたりまえになって新鮮さが失われてきたことに加え、コンビニを利用する世代層の推移とコンビニ業界の内実がマッチしなくなってきたことが大きな要因です。

これに対しセブン‐イレブンの経営陣は、自分たちの企業が社会で果たす役割をいち早く理解されていて、これからの時代はきちんとしたものを作って丁寧に売っていけば必ず買ってもらえるはずだと確信していたのです。

セブン‐イレブンは早くから〝お客様の立場で〟というポリシーを掲げ、質の高いプライベートブランドの開発や、独自に構築したサプライチェーンによる弁当・総菜の販売、住民票の写しを店舗で受け取れる行政サービスなど、さまざまな革新的なことを進めていました。

しかし佐藤可士和氏は、せっかくのセブン‐イレブンのこうした取り組みが、消費者にはほとんど伝わっていないことを指摘されたのです。そして、それらを抜本的に再構築して統一感をもって発信していく、新しいロゴマークや商品デザインを打ち出していきました。それは単なる商品の外装の変更ではなく、セブン‐イレブンという企業の根底にある理念を形にして現していく作業になっていきます。

また従来の「セブンプレミアム」「セブンゴールド」に加え、材質など細部にまでこだわった文具や生活雑貨「セブンライフスタイル」を新たに立ち上げました。この文具類は本当に上質感があって使い勝手がよく、私は今もずっと愛用しています。

既に利用された方はご存知だと思いますが、大ヒット商品となった「金の食パン」に代表される「セブンゴールド」の商品などは、もはや従来のコンビニ食材の域を超えています。あの「金の食パン」は、開発担当者が「本当においしい食パンができましたよ。焼いて食べるとおいしいのでトーストにしてきました」と出来上がった試作品を持って真っ先に来てくれたことを今でも覚えています。

ただ、食パンはトーストにすればそれなりにおいしくなるのは当たり前なので、私は焼く前のものも食べさせてほしいとお願いしました。そして食べてみたら、言われるとおり本当においしかったのです。値段を聞いたら、1斤で250円と従来のプライベートブランドの食パンの倍近い価格です。しかし、鈴木会長をはじめセブン‐イレブンの開発チームには、「必ず共感を得られるはずだ」という明確な思いがありました。

それが見事に的を射たことは、このブランディングの成功が雄弁に物語っています。

## 16　ジェクトワンの決断

2つ目の事例は、私が独立してからブランディングのお手伝いをさせていただいている株式会社ジェクトワンです。

同社は不動産売買仲介事業からスタートし、不動産ソリューション事業、中古マンションのリノベーション事業を手がけ、現在は再生可能エネルギーや保育園事業にも進出している企業です。2009年1月の創業ですが、2010年3月期には1億1000万円だった売り上げが、16年3月期には60億円に達しています。

同社の大河幹男社長は、会社が若い今のうちに将来に向かって企業としての理念や事業理念を整理し、これを明確にしておく必要があると考え、ご依頼くださいました。

ジェクトワンの事業内容としては、前述のように「不動産を起点とした各種事業の展開・サービスの提供」ということになります。中でも主力の事業は2つ。1つはソリューション事業、もう1つはリノベーション事業です。

昨今「空き家問題」が日本の深刻な課題になっているのはご承知のとおりです。とりわけ大都市圏では景観だけでなく治安や防災の観点からも対応が迫られています。また有効活用されないまま放置されている土地も少なくありません。地権者は自分の土地に愛着を持ちながら、利用価値が見出せない場合があります。何とかしたいと考えてはいても、周囲との調整など面倒で複雑な問題があるのでなかなか手がつけられないのです。

ジェクトワンのソリューション事業は、こういった土地の有効活用を通して社会価値を見出す事業です。同社はこういった土地を自社で購入します。その場合、もちろん周辺の土地も含めた再開発ができることが理想です。そこがうまくいかないことは会社側のリスクになります。

同社は、こういったリスクをあえて背負いながら、卓越したプランニング力とスピード対応、交渉力で再生事業に取り組んでこられました。たとえば千葉県の市川市本八幡のプロジェクトでは、老朽化したビル、立体駐車場、再建築不可の木造アパート、木造戸建てが並んでいた敷地を一体化させ、マンション用地へと再生させました。これによって一帯地域の防災面にも大きく貢献しています。

一方のリノベーション事業は、文字どおり中古マンションを購入し、その物件をフルリノベーションして販売する事業です。人々の暮らし方や価値観が変わり、新築マンションだけでなくリノベーション物件にも人気が高まっています。

私が驚いたのは、同社の仕事へのこだわり方でした。床はあえて無垢材を使い、壁は漆喰壁にしています。こうした素材は手入れも大変ですが、住めば住むほど味が出てきます。見た目の問題というより、むしろ湿度の調整機能など、住む人への優しさがビニールクロスや合板とはまったく違うのです。

キッチンや洗面など水回りの設備にも上質なものを採用。浴室は断熱性や水はけ、滑りにくさなどにも配慮しています。安い材料を揃えて見た目だけ新築のようにするというリノベーションではなく、小さなお子さんのいる家族がそこから長く家族の歴史を刻んで、やがて孫ができるまで暮らせるような家づくりをめざし、妥協をしない職人的な仕事をしているのです。

## 17　社長の頭の中を言語化する

不動産が抱える事情というのはさまざまです。単に親から相続した場合もあれば、先祖代々受け継いできた土地というのもあります。個人が所有している場合、法人として持っている場合もあります。中には、今のまま放置していると災害などの際に周辺住民に迷惑をかけかねない懸念がある物件もあります。

大河社長のポリシーは、まず地権者がストレスを感じるような交渉は絶対にしないというものです。そして、折り合う価格で買えさえすれば、そこに何を建ててもいいというようなことではなく、元の地権者から託された思いを大切にした再生を進めることです。

さて、まず私が行ったことは社長へのヒアリングでした。これは延べ十数時間を重ねました。経営者自身が何をめざし、どのような企業にしたいと考えているのか。そこのところを徹底的に聞き出しました。同時に、社員や、さらにはこの会社に土地を託した顧客へのヒアリングを行いました。なぜこの会社で働こうと思ったのか、なぜこの会社に仕事を依頼したのか、それぞれの思いがあるはずです。

　地権者は必ずしも一番高い値をつけてくれる会社に売るとは限らないということを大河社長はおっしゃっていました。むろん値は高いに越したことはないのですが、顧客が買取する不動産会社に求めるのは、やはり親身になって寄り添い、思いを共有してくれることなのです。

　安い価格の売買ではありませんから、一般に土地取引では売り手側の希望価格と買い手側の希望が折り合わず交渉に何年もかかることが珍しくありません。売り手から金額が提示されても担当者は「社に持ち帰って上長と相談します」となるのが普通です。

　しかし、ジェクトワンでは現場判断を原則としています。なぜならお客様はその場で答えが欲しいわけで、判断が長引くことは不安を与えることになります。「社に持ち帰って」というのは、この会社では禁句なのです。可能な限りその場で協議し、その場で判断をするというのが大河社長の流儀です。

　私の次の作業としては、こういった社長の頭の中にある考え方や企業理念を言語化し、社員全員で共有できるようにすることになります。

見えてきたのは、この会社のソリューション事業は、まさに〝人〟がシンボルだということでした。一方のリノベーション事業におけるシンボルは上質な〝物件〟そのものです。

じつは、当初この「リノベーション事業」を同社では「家なか再生事業」と呼んでいました。私は社長と相談し、この名称を変えることを検討しました。というのも、お客様にとって住まいを買うというのは人生の大切な出来事です。さまざまな判断として新築ではなく中古物件を買うとしても、やはり〝再生品〟という位置づけは気持ちのよいものではないでしょう。最終的には社長の判断で「上質リノベーション」というネーミングに変更しました。ちなみにソリューション部門は「街なか再生ソリューション」です。

企業全体の理念としては「心から安心して住み続けられる『暮らし』を提供する」と掲げました。街づくりにおいても住まいづくりにおいても、小さな子どもから高齢者まで〝安心して住み続けられる〟ということが同社のポリシーなのです。コーポレートコミュニケーションの基軸も、この「理念」を中心に置きました。社員相互も、また金融機関や地権者といった方々とも、常に理念への共感を醸成することを第一にしていくのです。

その上で、ソリューション部門は社員（＝人）そのものをブランドシンボルにして「地域価値を大切にした、街づくりの実現」を事業理念としました。リノベーション部門では物件をブランドシンボルと位置づけ、「誰もが安心して暮らし続けられる住まいの提供」を事業理念としました。

企業サイトのリニューアルにあたっては、社員全員の集合写真をサイトのトップに持ってくることを提案しました。まさに経営者を筆頭に〝人〟こそがこの会社の財産であり武器なのです。そのことをストレートに訴えかけると同時に、社員一人ひとりにも自分が会社の顔であり看板を背負って仕事をしていることを強く自覚してもらいたいという社長の思いを汲んだものでした。

ソリューション部門とリノベーション部門は、同じ会社内にありながら、ある意味でまったく別の仕事です。その意味では、社としての一体感を持ち、文字どおりのジェクトワンとするためにも集合写真は有効だったと思います。

## 18　変化しはじめた社員の意識

通常、こうした企業サイトのリニューアルは宣伝部の担当者などが、アクセスの少ない夜中にやってしまうものです。そもそも企業で働く人が自社のサイトを見ることそのものが多くないはずです。

けれどもジェクトワンでは全社員が集まって、テープカットならぬサイトリニューアルのセレモニーを行いました。あえて、自社サイトが新しく生まれ変わったことを社員一人ひとりに認識してもらうためです。

ただし、企業理念を共有するといっても、社員が皆、判で押したように同じ定型句を語るというのとはちょっと違います。あくまでジェクトワンは「人間力」を重視している会社ですし、そのためには個々の社員が企業理念を深く理解して共有しつつも、自分で考えて自分の言葉で語ることが求められます。

そのためにも、理念を明文化し、しっかり受け止めて共有することが大切なのです。

## ジェクトワン社

〈企業理念〉

心から安心して住み続けられる

「暮らし」を提供する

〈事業理念〉

◆ソリューション事業部「街なか再生事業」

地域価値を大切にした、街づくりを実現する

コンセプト …… 望みを、描く。

シンボル …… 社員

◆リノベーション事業部「上質リノベーション」

誰もが安心して暮らし続けられる住まいの提供

コンセプト …… 幸せを、描く。

シンボル …… 物件

企業の理念や考え方を明文化し、社員全体で共有していくと少しずつ変化が現れてきました。まず社員の意識が変わったのは、「自分たちは誰に喜んでもらいたいのか」という強い自覚です。

前述したように同社では〝自分で判断する〟ことを重視していますが、その判断のものさしとなるのが、企業理念であり事業理念なのです。社としての理念や考え方に照らして、どうするかを判断する。

ソリューション部門は、自分の土地に愛着を持ちながらも利用価値を見出せずにいた人たちに喜んでいただきたい。そこで「望みを、描く」というコンセプトを掲げ、地域価値の最大化や長年住んできた人の気持ちに寄り添うことなどをブランドステートメントに込めました。

リノベーション部門であれば、新築もいいけれども無駄な贅沢はしたくないと考える堅実な人や、新築・中古にこだわらず本物志向の人、あるいはインテリアや家具を自分で選びたいと考えている人たちに喜んでもらいたい。そこで「幸せを、描く」と掲げ、やはり安心できる住まいの提供や妥協を排した品質重視をブランドステートメントに綴りました。

## 19　「業務」ではなく「仕事」へ

こうした理念を共有するのは、なにも社内だけの話ではありません。たとえばジェクトワンのリノベーション部門の場合、現場で仕事をするのはさまざまな職人さんたちです。床を張る人、壁を塗る人、いくつもの外部の専門職の人に仕事を委託することになります。

その際に、社としての理念を職人さんたちにも共有していただく。「ジェクトワンはこのような理念で物件のリノベーションをしている」「このような価値をお客様に提供する」ということを、作業をする職人さんたちにも分かち持ってもらう。そのために、たとえば毎日彼らが目にすることになる図面などにも、社の理念や事業ステートメントを表記しているのです。

すると、これまでとは違う変化が現場に現れてきました。たとえば、通常なら図面どおりに作業をすればいいのですが、「図面ではこうなっているけれども、もっとこうしたほうが居住者には利便性が上がるのではないか」というような提案が現場の職人さんから生まれるようになったというのです。

職人さんたちはいくつもの現場を抱えているのが普通ですから、本来なら効率重視で短時間に作業を終わらせるものです。けれども、社の理念が共有されていく中で、優先されるべきは住む人の満足であり幸せであるというふうに意識が変わっていく。ジェクトワンの仕事に対する「誇り」と「愛着」が、社外から参加している職人さんたちにも共有された瞬間でした。そのことで、誰に命じられるのでもなく主体的・内発的に、より満足のいく部屋づくりに職人さんたちが高いモチベーションを持って取り組んでいるのです。

こんなふうに職人さんたちが思いを込めて、工夫を凝らしてリノベーションされた物件なんて、それだけで気持ちがワクワクします。そうしたさまざまな人たちの思いが込められた物件は、これまで以上に売れ行きが向上したことは言うまでもありません。

もちろん、私がかかわる以前から同社の社員たちは細部にこだわる仕事をされていたのですが、ある意味でそれは「業務」だからやっていたところもあったかもしれません。けれども、その自分たちの努力が誰を喜ばせることになるのかが明確になると、「業務」は名実ともに「仕事」になるのです。

さらに理念をステートメントとして明文化したことによって、社員一人ひとりは自分が〝なんのため〟に仕事をするのかを再確認できたと思います。ブランディングの作業の中で、私は社長だけでなく社員の皆さんにもヒアリングし、なぜ自分がこの会社に入ろうと思ったのかなども聞きました。

そうした中で、彼らは単に「売り上げ」を伸ばすための仕事ではなく、自分たちの仕事が社会の中でどのような価値を生み出そうとしていたのか、その自身の原点に立ち戻ったと思います。

象徴的だと私が思ったことがありました。それは、一旦は床の張り替え作業を終えていたあるリノベーション物件での出来事です。既に張った床材で、もちろん十分な状態でした。ただ、20年後、30年後を考えた際に、この床材ではもしかしたらわずかの反りが生じるかもしれない。そうなった場合、この仕事は社の理念に合わなくなってしまう。その万が一の懸念を払しょくするために、もう一層別の床材で補強し、張り直しをしたというのです。

その補強費用は物件価格に上乗せできるわけはなく、ジェクトワンのコストになります。

担当者が大河社長にそのことを報告すると、社長は当然のことのように「やりなさい」と指示しました。

世間一般であれば、新築ならいざ知らずリノベーション物件にそこまでのクオリティは求めないでしょう。この話を聞いて、そう判断した担当者も、それを了とした会社も、素晴らしいと思いました。

第4章

# 「ブランドヴィジョン」を明確にする

## 20 ヴィジョンが組織のモチベーションを生み出す

社内のモチベーションを生み出す上で重要なことは、その企業内のさまざまな活動が「ブランドヴィジョン」に基づいて一貫していなければならないということです。

商品やサービスの企画、商品パッケージ、プロモーション、社員の行動、社内の判断等々、あらゆることがらにおいて、常に「ブランドヴィジョン」が貫かれている必要があります。

そのためには、一部の社員だけで勝手にヴィジョンを作ってトップダウンで落とすというよりも、そこに関わるできるだけ多くの人がヴィジョンづくりに参加していくことが理想的です。そうでないと、社内のモチベーションがつながりにくいからです。

私がセブン‐イレブンとお仕事をさせていただいて驚いたことは、「お客様を喜ばせたい」「お客様が喜ぶためには」ということにおいて、けっして妥協をしない姿勢でした。店舗数が1万8000を超すという大企業でありながら、本部の商品企画の人たちにして

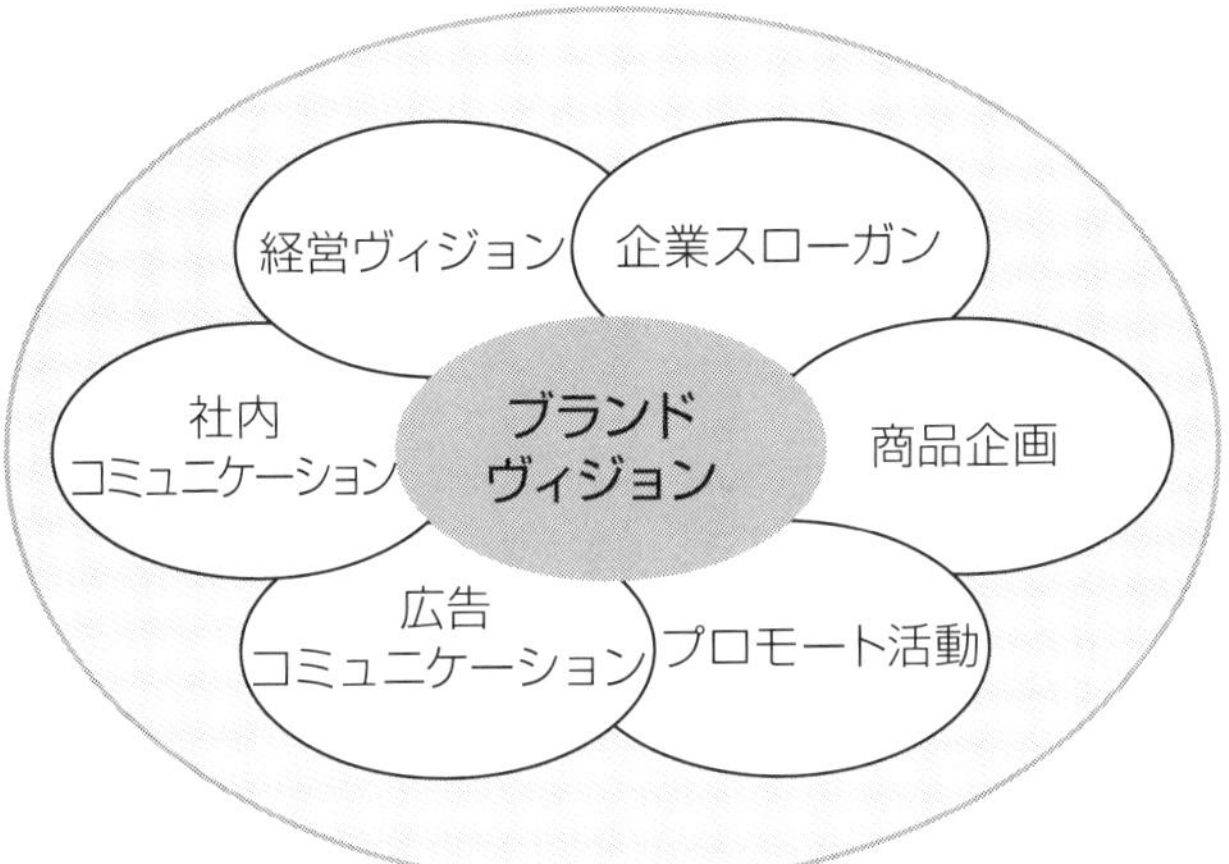


「ブランドヴィジョン」に基づいて
企業が行うさまざまな活動に
一貫性が保たれることが重要

も、「お客様のために、本当にこの味でいいのだろうか」「本当にこの商品名でいいのだろうか」と、その情熱の徹底ぶりには何度も驚かされました。だからこそあそこまで大きくなって増収増益を続けていられるのだろうし、その〝情熱の総量〟が共に商品価値の向上に取り組むメーカーの人たちにまで伝わっているのだと思います。

人は誰かに恋愛感情を抱くと、無意識のうちにこの「ブランドヴィジョン」を追求するのではないでしょうか。自分がなんとなく気になる相手がいる。最初は自分でもまさかと疑ったりするけれども、やっぱり自分の中に「その人に好かれたい」という感情が芽生えている。

じゃあ、その人と〝どういう関係〟になりたいと願っているのか。どう思われたいのか。自分は相手をどんなふうに喜ばせてあげられるだろうか。どういう存在でありたいのか。自分が誠実につき合うためには、今の自分にあるものは何だろうか。いろんなことを一生懸命に考えるはずです。デートの時のファッションが、自分という人が相手に与えていけるものの象徴的なイメージを作り出せていれば大成功なのかもしれません。

会社にとっての「ブランドヴィジョン」も、まさにそのような情熱に貫かれているべきなのです。経営陣から社員、それこそ入ったばかりのアルバイトに至るまで、その熱い思いが必要です。恋愛のような抑えがたい強い思いなくして、ただ〝売れる〟ことだけを狙って机上でそれらしいヴィジョンを作ったとしても、到底それはブランドの力には結びついていかないのです。

## 21 「ブランドヴィジョン」を構成する7つの要素

「独自性（＝らしさ）」こそ「ブランド」の源泉であること。

「独自性」を発見し、「独自性」を磨きあげていくことが、その企業が成長し続けるために不可欠であること。

その「独自性」は、常にヴィジョンとして現在から未来へ向かって思い描かれ、実行されるべきこと。

そして、すべての照準は〝社員と会社がお互いに幸福である状況〟に定められなければならないこと。これが、ここまで述べたことです。

では、この「ヴィジョン」をどのように設定していけばいいのか、より具体的に、「ヴィジョン」の構造について考えながら説明したいと思います。つまり、思い描くべき〝ブランドヴィジョン〟を構成する要素とは何か、ということです。

この要素は、次のようになります。

①そのブランドのポテンシャル／強み（潜在的能力）
②ブランドの持つ人格（パーソナリティ）
③象徴的なことがら（シンボル）
④ブランドが具体的に提供するもの（機能的価値）
⑤喜んでもらいたい人の価値観（ターゲット価値観）
⑥ターゲットがいだく喜び（情緒的価値）
⑦ブランドとターゲットが築くべき関係性（関係性）

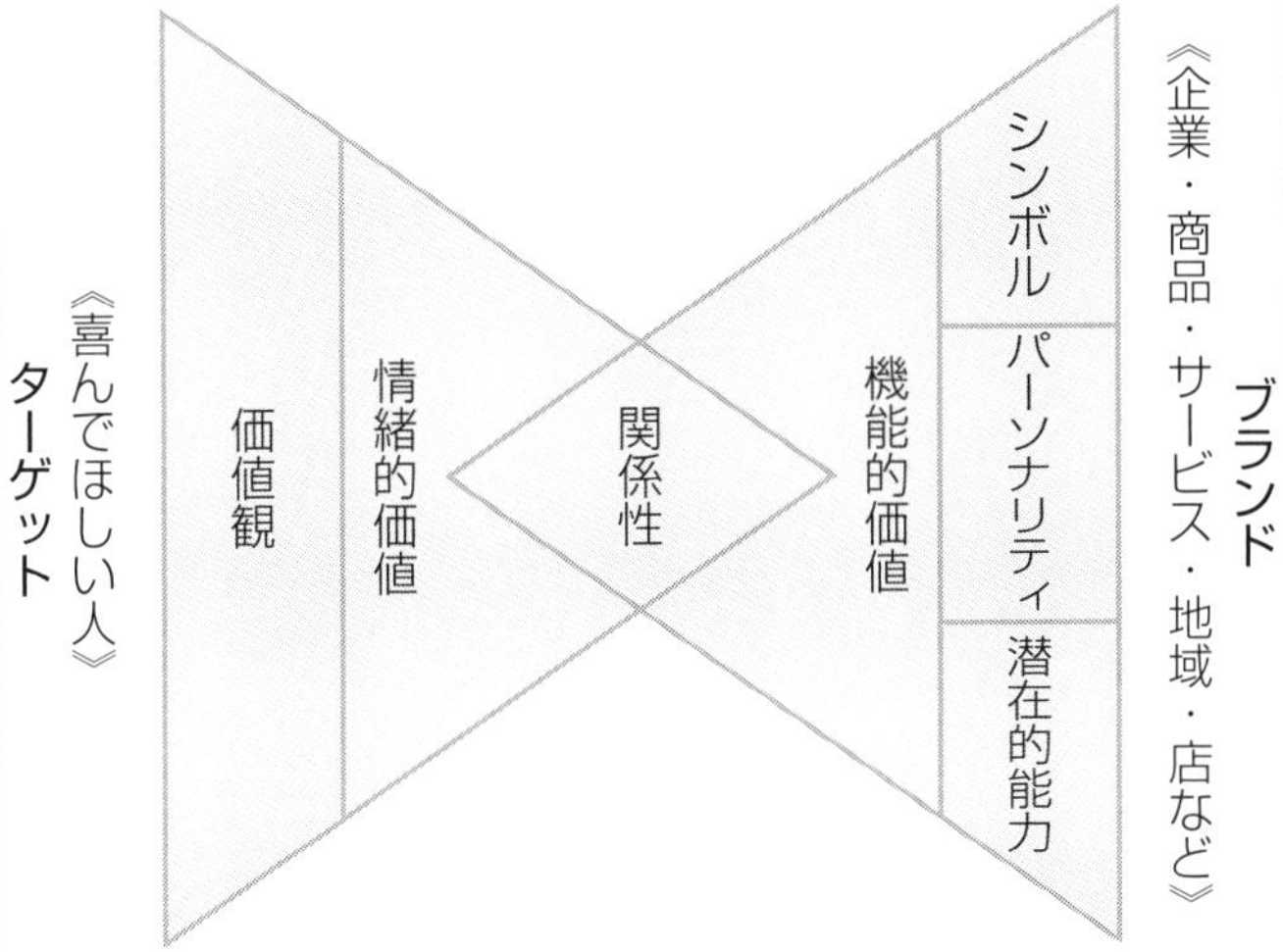


ブランドヴィジョン・バタフライモデル®

まず①の「潜在的能力」とは、そのブランドの背景の力です。「機能的価値」が形に具体的に表れた価値であるのに対し、潜在的にそれを支えているファクトのことです。その会社にしかない技術や特許、その商品ならではの強み、その地域にしかない特徴といったものです。会社であれ、地域であれ、その歴史であったり、そこで育まれてきた風土や精神性というようなものも、ここに含まれるでしょう。個人であれば、生まれ持った特性や、これまでの経験、育った環境ということです。

②の「パーソナリティ」は、⑦の「関係性」とも密接につながってきますが、言うまでもなくブランドが持つ性格や人格です。ブランドの体現する独特な気風であり、お客様にとってどんな雰囲気の存在でありたいかということです。

個人を相手に顧客の要望に迅速な対応力が求められる不動産会社や保険会社であれば「フットワークの軽い御用聞き」が理想的かもしれませんし、食通に愛される一流レストランなら「あくなき追求を続ける料理人」というようなパーソナリティを形成するべきでしょう。

ブランディングがうまく進まない企業は概して、このパーソナリティが曖昧です。その会社の〝風貌〟が思い浮かばない。根強い人気のあるブランドやお店というのは、技術や商品の確かさだけでなく、世の中から見た〝風貌〟がハッキリしているはずです。

## 22 何を約束し、何を保証するのか

③の「シンボル」は、文字どおりそれを〝象徴〟するものであり、それを見るとそのブランドを想起することがらです。一番わかりやすいのはロゴマークでしょう。ただ、これは簡単な話ではありません。なんとなく会社のロゴマークの1つもあったほうがいいのかなという感覚でマークを設定し、とりあえず自社製品につけてみた、ということでは困るのです。

商品に付与されているシンボルとしてのマークは、A社が製造したからA社のマークをつけましたよということだけではありません。そのマークが与えられていることによって、お客様や社会に〝何を約束し、何を保証するのか〟という意味合いが重要なのです。誰も

が知っている有名なものを挙げれば、ルイ・ヴィトンのあのLとVを組み合わせたロゴマークや、アップル社のリンゴのマークです。

サービスを提供するような会社であれば、そこで働いている「人」がシンボルになる場合もあるでしょう。運送会社である佐川急便のイケメン「セールスドライバー」を扱った『佐川男子』（飛鳥新社編集部編、飛鳥新社、2012年）という書籍がずいぶんと話題になったそうですが、営業先でお客様とやりとりする現場においては、まさに「人」こそがシンボルになるのです。

あるいは、経営者がその会社のブランドを背負ったシンボルとして世の中に露出する場合もあります。「ジャパネットたかた」の創業者・高田明氏もそうですし、美容関係や飲食業界でも、そうしたケースはしばしばあります。経営者が持っている優れた技能や、雰囲気、人柄、バックボーン、信頼などがその会社を際立たせていくのならば、経営者自身がシンボルになることもあり得るでしょう。

いずれにせよ、それがロゴマークであれ、社員や経営者という「人」であれ、シンボルというのは単についていればいいとか、カッコよければいいとか、目立てばいいというものではありません。シンボルとは、〝ブランドがターゲットと共有することがら〟そのものなのです。iPhoneやiPadについている、あの小さなリンゴのマークがそれだけで人々の心をザワザワとさせるのは、そこにスティーブ・ジョブズの卓抜した発想を想起するからなのです。

①の「潜在的能力」、②の「パーソナリティ」、③の「シンボル」を背景にして、そのブランドが提供する具体的なモノやコトが、④の「機能的価値」です。そのブランドを通して得られる体験や経験といった具体的な価値です。

## 23 ブランドは誰をどう喜ばせるのか

さて、ここまでの①から④は、いわば「自身」にかかることがらでした。これに対して⑤から⑦は「相手」にかかることがらになっていきます。

⑤の「ターゲットの価値観」です。

誰かの顔を思い浮かべることで、幸せを感じる。自分のモチベーションが上がる。そうした経験は、きっと誰にでもあると思います。人は、自分以外の誰かを幸福にしていくことで、自分が幸福になっていくものです。このことは、近年の「幸福学」の領域でも多くの専門家が指摘しています。

同じように、企業も〝誰かの幸福に貢献できている〟と実感する時に、自分たち自身の幸せを実感し、モチベーションを上げることができます。自分たちの会社で、自分たちの強みを生かして、「こういう商品を作っていこう」「こういうサービスを提供していこう」「こういうブランドに成長させていこう」と考える際に描くべきものは、幸せになっていただく〝誰かの顔〟なのです。

この〝誰かの顔〟は、できるだけ具体的である必要があります。しばしば陥りがちな例を挙げると、たとえばある商品なりサービスのターゲットについて尋ねた際に「うちは、20代から30代の女性」というような答え方をされるケースがあります。しかし、こういう対象の設定はよくありません。

なぜなら、「20代から30代の女性」というのは、人によって思い浮かぶ人物像があまりにまちまちだからです。ある人は高級志向なエレガントな女性をイメージするかもしれないし、別の人は庶民的な女性を想像するかもしれません。バリバリ仕事をしている女性なのか、仕事を持っていない女性なのかも判然としません。大人っぽい女性なのか、まだ学生なのか、独身なのか、子育てに追われているのか、イメージする像はまちまちでしょう。

## 24 どういう「価値観」を持った人なのか

大切なことは、自分たちの会社の強みを生かして、誰かに喜んでもらうことのはずです。喜んでもらうためには、その相手の望んでいるもの、価値観として大事にしているものにフィットしたものを提供しなければなりません。そう考えると、「20代から30代の女性」というような設定では、じつは大雑把で曖昧であり、実際的でないことがわかると思います。

ブランディングでは、企業ブランディングであれば、まず社内を同じ方向に向かわせることが重要ですし、商品ブランディングであれば、その商品に関わる人を同じ方向に向かわせることが大事になってきます。ターゲットの価値観をできるだけ鮮明にし、それを共有できなければ、組織はバラバラのままいろいろな方向に力が分散し、「情熱の総量」を上げることができません。

たとえば飲食店を作るとしましょう。若い女性に来てもらいたい。でも、ビジネスパーソンにも来てもらいたい。高齢化社会だから年配のお客様にも愛されたい。小さい子どもを連れたファミリー層にも来てもらいたい。地元の住民にも観光客にも愛されたい……。このように、往々にして経営者側の思いは際限なく広がっていきかねません。もちろん実際に、そうしたさまざまな客層から愛され利用されている店舗というものもあるように見えることもあります。

マーケティングの側面から言えば、より多くの人々から愛されることが望ましいわけで、より幅広い客層が利用し購買してくれるというのは1つの理想ではあります。ただし、ブランディングという視点で考えると、ブランドを育てる側が明確に焦点を合わせるべき具体的な〝誰かの顔〟がないといけないのです。

そして、ここで焦点を鮮明に合わせるべき〝誰かの顔〟というのは、「若い」とか「ビジネスパーソン」とかといったその人の単なる外形的な所属で設定するのではなく、その人の〝価値観〟でカテゴライズすべきなのです。つまり、何を大切にしたいと考えている人なのか、というところに本質があるのです。その大切にしている〝価値観〟をブランド側と消費者側で共有していくのです。

たとえばカフェやレストランを考える場合でも、自分たちが喜んでほしいお客様の〝価値観〟を、さまざまに汲み取ることができます。

アクティブに行動するのが好きな人。読書など一人の静かな時間を大切にしたい人。生活の中で上品な空間や時間に触れたいと考えている人。気の置けない仲間と賑やかに過ごしたい人。その地域に愛着を持っている人。自分の仕事にプライドを持っている人。子どもと一緒に過ごすことを大切に考えている人。安全な素材にこだわった手作りの料理を食べたいと考えている人。

自分たちの提供できるもの、その強みといったことがらをよく吟味して、どのような〝価値観〟を持った人を自分たちは喜ばせることができるのか。そこを考えつくして、ブランディングとしてのターゲット像をできるだけ具体的に絞り込んでいく。それは言葉で長々と説明しないと伝わらない「○○で○○○のような人」という漠然とした設定より、究極的には特定の誰かの顔がハッキリ定まっているくらいシンプルに絞り込まれていることが理想です。

なぜなら、企画開発から販売や広報宣伝、経営者から現場のアルバイトに至るまで、そのブランドに関わるすべての人たちが、自分たちが幸福にしたい対象のイメージをブレなく共有する必要があるからです。

## 25 ピントの合ったターゲット設定

私がブランドヴィジョンの設定をその企業の社員の方たちと進める際は、ターゲットになりそうな実在の人物の名前を挙げてもらいます。周囲の人がその人物を知っているかどうかは関係ありません。

そのブランドを育てたいと考えている社員が、具体的に〝この人に喜んでほしい〟と想定できる誰かをイメージすることはとても重要です。具体的な名前を挙げてもらった上で、「なぜこの人に喜んでもらいたいと考えたのか」「この人のどういう価値観がこのブランドに共感すると思ったのか」、そのことを考えてもらうようにしたほうが、よりターゲットとして想定される価値観が鮮明に浮かび上がってくるのです。

いわば、その喜んでいただきたい〝一人の人〟のために、チーム一丸となって徹底的に準備をする。それでこそ〝情熱の総量〟も高まっていきます。もちろん、これはその〝一人の人〟以外を排除するということではありません。譬えて言えば、人ごみの中で誰かにピントを合わせて写真を撮るようなものでしょうか。どこにもピントが合っていない写真は、大勢の人が写り込んでいても、雑然としているだけで凡庸になりがちです。レンズが狙うべき誰かにしっかりフォーカスしてこそ、全体も生き生きと見えてくるものです。

別の言い方をすれば、一人を満足させられない商品が、大勢の人を満足させられるわけがないのです。一人の人を真に喜ばせられれば、百人でも千人でも喜ばせることができるでしょう。そういう意味でも、〝誰に喜んでもらいたいのか〟のイメージ像は、できる限り具体的な〝顔〟として定まることが大切なのです。

あのルイ・ヴィトンは、旅行用カバンの専門店として19世紀に誕生しました。そのブランドが時代の波を乗り越えて世界に君臨し続けているのは、王室などセレブリティーに明確なターゲットを置いて、その人たちに喜んでもらう商品を作るという意志を変わらずに持ち続けているからだと私は思っています。

実際には、今日ではお金を出せば誰でもルイ・ヴィトンの商品を買うことはできるわけですし、世界全体で同社の製品を買っているお客様の数から考えると、王室などセレブリティーの顧客は１％にもならないかもしれません。しかし、なぜ多くの人がルイ・ヴィトンというブランドに魅力を感じるかといえば、それが本来セレブリティーのために用意された品質であるという共通の了解があるからなのです。

もしもルイ・ヴィトンがそこを手放してしまえば、人々がルイ・ヴィトンに憧れる理由がなくなってしまうのです。

これは単に、高級ブランドをめざしてブランディングを行おうと言っているのではありません。あくまでも、ターゲットの設定はできるだけ鮮明にしたほうが、ブランディングの成功に向けて近道であることをご理解いただければと思います。

## 26　ブランドを一緒に育てるために

では、その相手にどう喜んでほしいのか。これが⑥の「情緒的価値」になります。そのブランドと関わることで、相手の中に生まれる〝喜び〟の具体的な姿です。

別の言い方をすれば、人がモノやサービスにお金を払うという時には、その結果として〝どんな喜びに出合えるか〟というワクワクした感情があるはずです。〝喜び〟というのは、あくまでもお客様の中に情緒として生まれるものです。

思い出してください。ブランドとは単なる商標でも差別化でもなく、〝人を幸せにする存在〟であり、ブランディングとは〝幸せな関係づくり〟でした。ですから、誰かを喜ばせるということについて、具体的に〝どう喜んでもらいたいのか〟〝どのような喜びの声を聞きたいのか〟というヴィジョンや情熱が、自分たち自身になければなりません。

言葉として単に「喜んでいただく」では、どうしても抽象的な話に終わってしまいます。自分たちはこの仕事を、この商品を通して、どのような喜びをもたらしたいのかを、明確にしておく必要があるのです。

そして、その具体的な〝喜び〟を生み出すためには、ブランドとターゲットとはどのような関係性を築けばいいのか。これが⑦の「関係性」です。

私たちが特定の誰かと、親しい幸せな関係を築きたいと思う時も、それは「恋人になりたい」のか「兄弟のような信頼関係になりたい」のか、あるいは「何でも率直に語り合える友達でありたい」のか、はたまた「よきライバルになりたい」のか、関係性というのはさまざまあります。

これはブランドでも同じなのです。ブランドは、作り出す側とお客様の側との双方の情熱で一緒に育てていくものです。一緒に育てるためには、どういう関係であることが最善か。どのような関係であれば、末永いおつき合いができるのかということです。

サンダル履きで気軽に出入りできる関係がいいのか、日々の生活の中で気分をリフレッシュし合えるような関係がいいのか、特別な日に一緒に過ごしたい関係なのか。もしも高級ブランドをめざそうとすれば、人々からちょっと憧れられるような、背伸びをしたくなるような、そういう関係性を作り出さなければなりません。

ブランドとターゲットとの関係性を、ヴィジョンとして予め描いておくことが、より永く確かな関係づくりのために重要なことなのです。

## 27 「情緒的価値」は自分も相手も幸せにする

メーカーなどの中にはときどき、「これを買って、お客様がどう喜ぶかは、お客様の自由だ」と考えているところがあります。自分たちは自分たちがいいと思うものを精一杯作ればいいことで、お客様に生まれる情緒的な価値はさまざまあっていいのではないかというわけです。

一見、それもそうかなという意見であり、職人気質といえば職人気質な意見でしょう。

しかし、私はやはり〝お客様からどんな喜びの声を聞きたいのか〟〝お客様のどんな喜びの顔を見たいのか〟ということが、ブランドを育てる自分たちの情熱やエネルギーになると思うのです。だから、誰にどんな喜びを提供したいのかということは、きちんと描かれている必要があるはずなのです。

先ほども挙げた「ジャパネットたかた」という有名なテレビショッピングの会社があります。独特の高い声で商品説明をする創業者の高田明氏のことは、たいていの人が記憶にあるでしょう。

長崎県佐世保のカメラ店を全国規模の通販会社にまで一代で発展させた高田氏ですが、氏がテレビカメラに向かって熱く語っている内容というのは、じつは「情緒的価値」だと思います。

つまり、それぞれの商品の機能を語っているようでいて、本当にそこで伝えようとされているメッセージは、〝この商品を買えば、どんな喜びが待っているか〟ということなのです。

このデジカメは何万画素ありますとか、この商品はこんなに操作が簡単ですと語りながら、高田氏は「かわいいお孫さんの姿を撮っておける」「見たい番組を見逃さない」等といった、お客様が買うことで得られる喜びを具体的に伝えているのです。

さらに「情緒的価値」を明確にすることは、自分たち自身の喜びにもつながります。

ポジティブ心理学の第一人者ロバート・ビスワス・ディナー博士がＮＨＫの番組『幸福学』白熱教室」で語っていた印象深いエピソードがあります。

ある時、空港と契約駐車場（マイカーを停めておく駐車場）の間を行き来するシャトルバスに乗った博士は、その運転手がとても幸せそうに仕事をしていることに気づきました。博士の目には、来る日も来る日も、同じ景色の短い区間を往復するだけの単調な仕事に思えたにもかかわらずです。

なぜそんなに幸せなのかと問うた博士に、運転手は「自分の仕事は最高の仕事だ」と答え、「旅行業界の一部を担っているというところが気に入っている」と楽しそうに答えます。自分の運転するバスに乗って契約駐車場を利用することで、多くの人々がお金を節約できている。つまり自分は、人々が遠くに住む家族と過ごすために安く旅行をするというシステムの一翼を担っており、〝家族と家族を結ぶ〟仕事をしていると運転手は答えたというのです。

このように、自分の仕事が誰をどのように喜ばせていくのかという「情緒的価値」を明確に思い描くということは、自分の幸福にも、お客様の幸福にも不可欠な要素なのです。

## 28 セブン-イレブンのプロジェクト

ここまで述べた7つの要素からなる「ブランドヴィジョンの構造」を踏まえて、冒頭に紹介したセブン-イレブンのブランディングをもう一度ふりかえってみましょう。

セブン-イレブンには、以前からプライベートブランドのセブンプレミアムで培ってきた、安全とお手ごろ価格の両立への取り組みがありました。それが、①の「潜在的能力」です。安い商品を作るために無名のメーカーにプライベートブランドを作らせてきた流通業界の常識を破って、セブン-イレブンは一流メーカーと組んで独自の商品を開発するという経験を積み重ねていたのです。その積み重ねが、セブンゴールドのラインナップを可能にしたのです。

セブンゴールドは、②のパーソナリティも従来のようなコンビニのイメージから大きく脱却して、〝専門店のような本格さ〟を備えたものにならなければなりません。昨日と同じことはやらない。コンビニといえばこんなものだという固定化された発想を打ち破っていくことは、鈴木会長自らが随所で語られてきたことでした。

さまざまな小売り業態がある中で、セブン‐イレブンというコンビニが〝忙しいお母さん〟たちに果たし得る④の「機能的価値」とは何でしょうか。それは、専門店よりも値ごろ感があり、専門店と同様の本格的な味を提供することになります。
⑤の「誰に喜んでもらいたいのか」。日本社会にはさまざまな課題があり、その1つとしてセブン‐イレブンが着目していたのが〝女性の働きにくさ〟でした。仕事を持つ忙しい女性たちを支える基盤や環境が、日本ではまだまだ足りていません。
セブンゴールドの場合は、たとえば〝忙しいお母さん〟です。しかも、それは仕事を持っていて忙しいけれども、家族の食卓は少しでも豊かでありたいと考えている女性たちに、あえて焦点を置きました。

では、その〝忙しいお母さん〟たちに、どのように喜んでもらいたいのか。それは家庭で楽しめるちょっとした贅沢です。外食に出かけたり、十分な時間をとって料理をしたりということが叶わない日でも、少しでもおいしいものを食卓に並べたいという気持ちに応えること。これが⑥の「情緒的価値」になります。

そのためには、お客様とセブン‐イレブンがどのような関係性になればいいのか。日本国内で1万8000を超す同社の店舗は、そうした〝忙しいお母さん〟たちにとって、なによりも物理的に近い距離にあります。彼女たちにとって〝なじみのご近所〟のような関係になることが、セブン‐イレブンの新しい存在価値になるわけです。

コミュニケーション・メッセージとして掲げられた〝日本のおいしい食卓へ。近くて便利、セブン‐イレブン〟は、まさにセブン‐イレブンの考えるヴィジョンが、そのまま表現されています。

そして③のシンボル。こうした他の追随を許さないセブン‐イレブンの哲学と理念を、佐藤可士和氏による素晴らしいパッケージデザインとロゴマークで統一感を持って送り出しました。セブンプレミアム、セブンゴールド、セブンライフスタイルの、それぞれの印

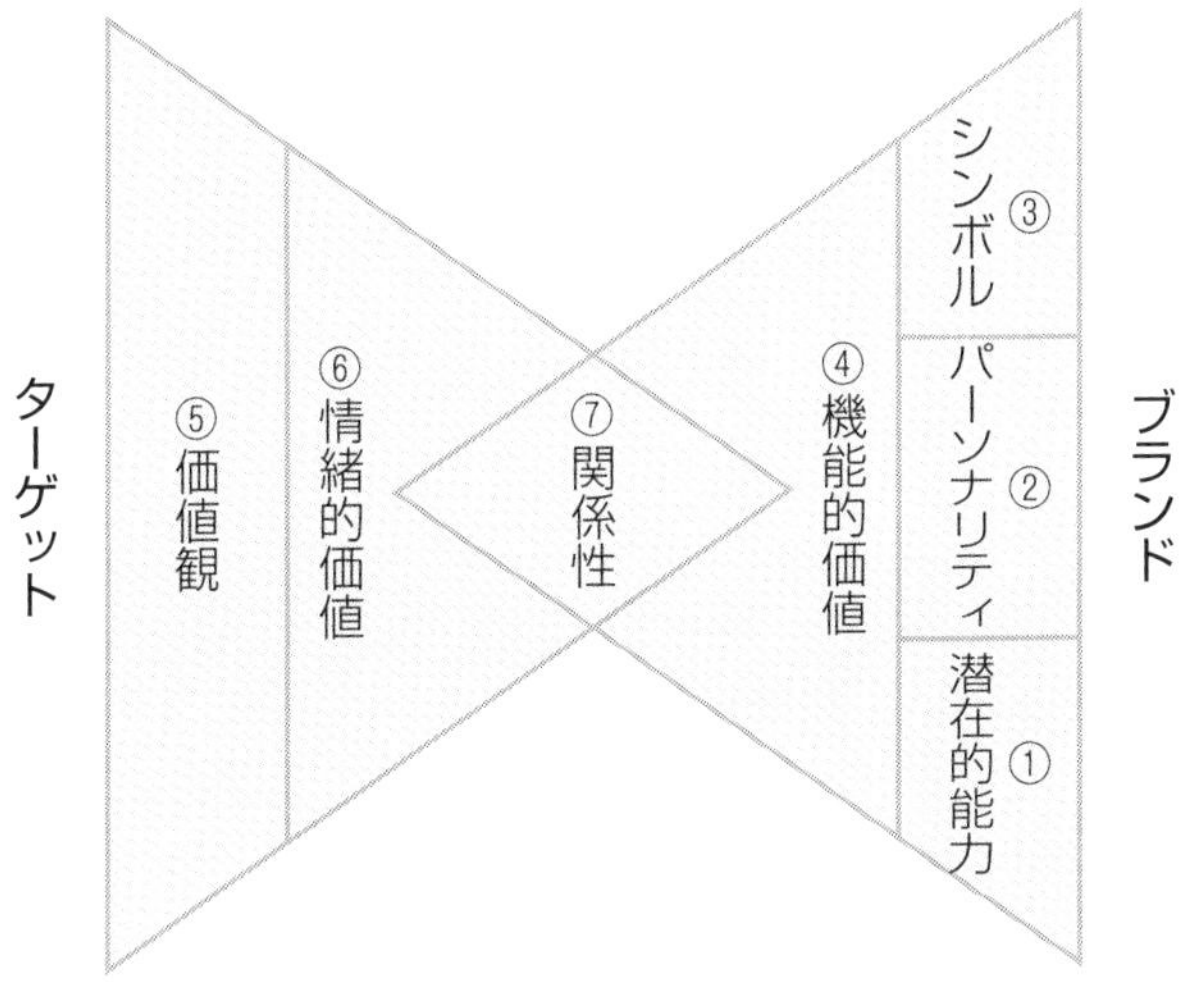


ブランド [セブンゴールド]

①セブンプレミアムで培った安全とお手ごろ価格の両立
②専門店のような本格さ
③ロゴマークとパッケージ
④専門店よりも値ごろ感があり、本格的な味を提供すること
⑤仕事を持ちながらも家族の食卓を豊かにしたいと考えるお母さん
⑥家庭で楽しめるちょっとした贅沢
⑦なじみのご近所

※この図は、「ブランドヴィジョン・バタフライモデル」のケーススタディとして作成したもので、実際のブランディング業務の事例ではありません。

象的なロゴマークは、「ブランドヴィジョン」をセブン‐イレブンとお客様とが共有するシンボルになっているのです。

## 29 「プロフェッショナル」とは何か

情熱ということについて、私自身が「お金をいただいて仕事をする」上での原点になっている出来事をお話ししましょう。

じつは私は、高校3年生のころまでは建築デザイナーになりたいと思って、美大をめざしてアトリエにも通っていました。ところが高3の5月に父親を亡くしたことで、お金のかかる美大をあきらめ、夜間の学部に進学し、学生時代からアパレル企業の営業の現場で働くようになりました。

当初は、その会社が土日に開催していたファミリーセールを手伝うアルバイトをしていました。そのうち、「平日の昼間もうちで働かないか」と声をかけていただき、営業社員のサポートとして入ることになったのです。

他の社員と全く同じように、スーツを着て名刺を持ち、朝の8時半から夕方の5時まで勤務しました。取り扱ったのは紳士のインナーです。ほどなく、週のうち2日か3日は私が取引先に出向くようになりました。

その中の一軒に、東急ストアの高井戸店がありました。あれは大学2年の頃だったので、私がまだ20歳くらいだったと思います。おそらくワゴンセールのお手伝いか何かで出向いた際、当時の高井戸店の店長だったかマネージャーだったか、そういう立場の方とお昼をご一緒していた時のことです。私が学生のアルバイトだということも知ってくださっていて、社会人の先輩としてさまざまなアドバイスをしてくださいました。

その方の話で私の胸に響いたのは、「たとえアルバイトであろうと社員であろうと関係なく、時給が1000円だろうと500円だろうと仮に1円であろうとも、〝お金をいただいて〟仕事をする以上、それは〝プロフェッショナルの仕事〟でなければいけない」ということでした。

以来、このことは今に至るまで、トータルにすれば四半世紀以上私がお金をいただいて仕事をしてきた中で、片時も離れず心の中にあります。

プロフェッショナルの仕事――これは、どんな立場であり、どんな仕事であっても絶対に必要なことだと思います。

たとえば新入社員になって、お茶を出すということを頼まれるかもしれない。あるいはゴミ箱を片づけるとか、コピーをとるとか、封筒に切手を貼るというような些末に見えることであったとしても、金額がどうであれお金をもらって仕事をする以上は、それはプロの仕事でなければならないのです。

〝プロフェッショナルの仕事〟であるとは、まずミスをしないということ。考えられる最善を尽くすということ。そして、先述したように自分に仕事を頼んだ相手が喜びを覚えるものであるということです。

自分は社員ではなくアルバイトだから手を抜いてもいいとか、新人だからうまくできなくても仕方がないとか、安い給料しかもらっていないのだからそれ相応でいいと考えてしまえば、自分で自分を貶めてしまうだけだし、自分で自分の人生から情熱を奪っているも同然です。

もちろん、ミスをしないように心がけていても、人ですからミスをする場合はあります。それで上司に迷惑をかけたり、もしかしたらお得意先を怒らせてしまうこともあるかもしれません。自分の失敗ではなく、同僚や部下のミスで自分が責めを負う場面もあるでしょう。

しかし、それすらもチャンスにできることがあるし、チャンスにしていくべきなのです。誠心誠意お詫びをすることは当然として、少なくとも与えてしまった損害の倍くらいは返すという姿勢が必要だと思うのです。

起きてしまったミスは不幸なことですし、当初は相手も立腹するでしょう。けれども、それを挽回しようとして懸命に努力をすれば、相手も「こういう人に、こういう会社に、仕事を頼んでよかった」と思うかもしれません。もしそれが叶わずとも、こちらには頑張った分だけ新しい力が身につきます。

立場がどうであろうと、大きな案件でも小さな雑用でも、同じように〝情熱〟を注いで〝プロフェッショナルの仕事〟をしてみせる。たとえ失敗したとしても不運にさらされたとしても、より一層の〝情熱〟を注ぐ。こういう姿勢が大切だと思うのです。

〝プロフェッショナルの仕事〟ということで、もう1つ強調しておきたいのは、プロの仕事とは〝期待以上のサプライズ〟でなければならないということです。人がなにがしかの仕事に対して満足するには、そこで支払われた対価以上の〝喜び〟を受け取って初めて満足するのだと思います。

会社には3つの種類の人がいるとよく言われます。「いてもらいたい人」「いてもいなくてもいい人」「いないほうがいい人」です。1万円の報酬に対して見合うだけの仕事ができなければ、その人は会社に損害をもたらしているわけですから「いないほうがいい人」になります。しかし、1万円分の仕事をしたとしても、それは同じようにできるほかの誰かでもいいわけで「いてもいなくてもいい人」の域を出ません。その会社にとって「いてもらいたい人」とは、支払った報酬以上の満足をもたらしてくれる人ということになります。

これは、会社と会社の取引きでも同じでしょうし、会社が消費者にモノやサービスを提供することについても同じはずです。やはり「お客様が100円を払ってくれるのであれば、200円の価値を提供していこう」という思いは必要だろうと思うのです。

不思議なことに、会社によっては〝身の丈でいい〟という発想のところがあります。100円の商品は100円に見えないといけないとか、300円の商品は300円程度の機能でなければならないと考えているのです。あるいは、300円のモノが300円以上に見えてしまったら、消費者を欺いてしまうとマジメに考えているのかもしれません。

譬えて言うと、300円の商品だとしたら、見た目は400円くらいで、食べてみたら500円の価値があったというのが一番いいのではないでしょうか。

それは何も〝高く見せる〟ことが目的ではありません。世の中を見渡していると、なぜこんなに〝安っぽい〟モノがこんなに高い値段なんだろうとガッカリすることが多々あります。だからこそ、お客様が払った金額以上の喜びを得られるバリューを作り出していこうという発想が必要だと思うのです。

相手に期待以上のサプライズを与えるというのは、結局は〝小さなこと〟に手を抜かないことから生まれるものだと思います。「神は細部に宿る」です。一流のホテルや飲食店で、私たちが思わず唸るのは、立派な建物や高価な調度品ではなく、見落としてもおかしくないほど細部にまで込められた丁寧な仕事や、どこまでも客の目線に立った心の配り方だったりするわけです。

「ブランディング」とは、売れるために付加価値をつけるとか、実態以上によいイメージをつけるというようなことではありません。提供する側がお客様にどんな喜びを届けたいのかという〝情熱〟であり〝意志〟そのものなのです。

第5章

# 「独自性」を磨きあげる地域の活性化

## 30　留萌エリア・ブランディングプロジェクト

さて、ブランディングは、企業や商品のみならず地域再生にもそのまま応用できます。ここで、私がお引き受けして今も進めている地域ブランディングの事例の中から、北海道留萌《るもい》振興局での取り組みを少しご紹介しておきましょう。

これまで語ってきた「独自性」ということは、たとえば地域であれば「ＤＮＡ」というふうに言い換えられるかもしれません。もちろん生物学的な意味のＤＮＡではなく、そこに暮らす人々のルーツであったり、営まれている社会の歴史、文化の底流に脈打っているものという意味でのＤＮＡです。もちろん企業でもＤＮＡと呼べるものはあります。

地域おこし、地域創生というようなことを考える上でも、その地域らしさ、すなわちその地域のＤＮＡのようなものを正確に把握して、そこを磨きあげていくという視点が不可欠だと私は考えています。ここを見間違えると、地域再生は失敗してしまうと思うのです。

北海道留萌振興局は、旧留萌支庁に替わって２０１０年に発足したもので、北海道の

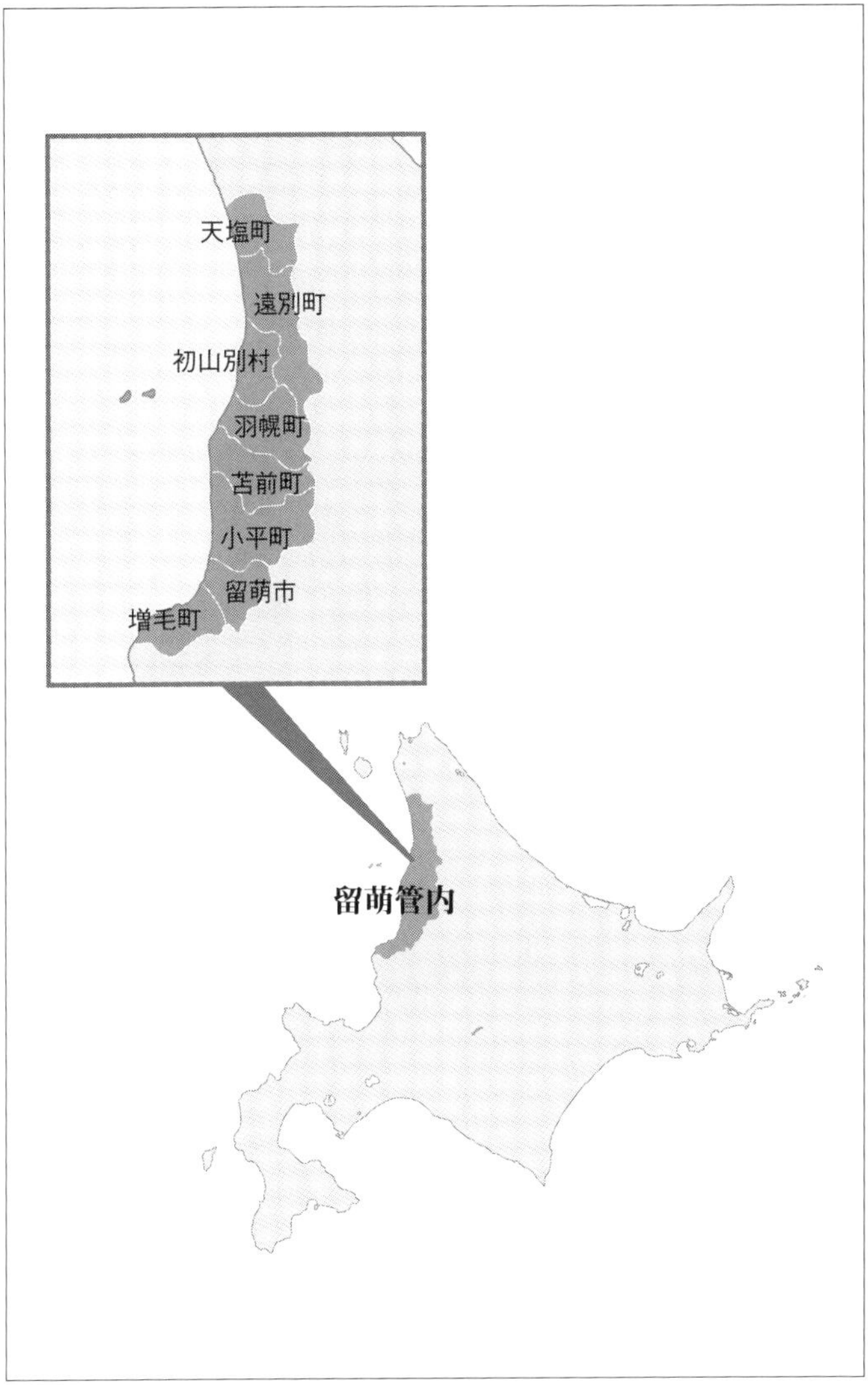
天塩町
遠別町
初山別村
羽幌町
苫前町
小平町
留萌市
増毛町
留萌管内

「道北」のうち日本海側の8市町村（増毛町、留萌市、小平町、苫前町、羽幌町、初山別村、遠別町、天塩町）から成っています。振興局もしくは総合振興局というのは北海道独自の行政区分で、全部で14あります。

２０１３年秋に弊社にご相談をいただき、翌年明けから「るもいエリア・ブランディングプロジェクト」として取り組みを開始しました。

留萌振興局管内（以下、「留萌管内」と表記）も、日本の多くの地方と同じように人口減少や産業の先細りといった課題を抱えていました。これに長期的な視点で手当てをし、地域の活性化を図り、管内来訪者を増やしていくことがプロジェクトの主な目的です。来訪者の増加というのは、短期滞在の観光客のみならず、長期滞在者や移住者の増加であり、さらには現住民の定着率の向上、Ｕターン、Ｉターン住民の増加を指します。

## 31　地域の資産と課題を見つける

地域ブランディングに必要なものは、なによりも「地元住民による地域への誇りと愛着」です。ここに基づいた活動でなければ、仮に短期的な成功をおさめたとしても、本質的な地域の発展・活性化に寄与することはできません。

そこで、まずプロジェクトのステップとしては、大きく次の3つを考えました。

①地域資産の再発見
②地域課題の顕在化・地域コンセプトの設定
③地域コンセプトに基づくフラッグシップモデルの開発

最初に取りかかったのが、「地域資産の再発見」のための住民参加のワークショップです。自分たちの地域とは、どのような素晴らしさを秘めた土地なのかを、住民の方々に語ってもらいます。

そこで出てきたのは、たとえば「食べ物が新鮮でおいしい」「非日常的な手つかずの大自然がある」といったようなことでした。たしかにこの地域は豊かな水産資源の水揚げがありますし、日本海に日が沈む雄大な景色、大小の離島など、この土地ならではの魅力がたくさんあるのです。

ただ、日本の場合、どこに行っても四季の変化と恵まれた自然環境、長い歴史がありますから、「食べ物がおいしい」というだけで外から人を呼び込むのはなかなか難しいところがあります。

ワークショップからは、そのまま地域課題として、じつは自分たちの留萌管内が日本国内でまだまだ認知されていないこと、地域のイメージが希薄なこと、魅力的な要素が発信されないままでいることなどが浮かび上がってきました。

そして、なによりもあらためて鮮明になったのが、そこで暮らす住民の意識として、広域エリアとしての留萌管内への帰属意識が弱く、むしろ個々の市町村への地域意識が強いということでした。こうしたことは、住民たちの中には強くあるにもかかわらず、それが意識に顕在化されることや、言葉として語られることはあまりないものなのです。いわば私のような〝部外者〟が加わってディスカッションをして初めて浮かび上がってくるものなのでしょう。

## 32 その土地の「DNA」を活かす地域ブランディング

そこで、私はまず留萌管内の「DNA」を探ることから提案しました。

もちろん、他の地域と同じくもともとはアイヌの土地だったわけで、たとえば「増毛」というのはアイヌ語で「カモメの多いところ」を意味するマシュキニあるいはマシュケから由来するとされています。

この一帯の海はニシンの漁場で、ニシンが集まる時期になると、それを狙ってカモメが集まってくるのです。松前藩が17世紀からこの地に進出を試みたのも、そのニシンが交易品として高い価値を持っていたからでした。

ニシンが豊漁だった明治期には、この地域はニシン漁で栄え、一獲千金を夢見て多くの出稼ぎ人も集まっていました。財を成した網元たちは「鰊《ニシン》番屋」と呼ばれる住居兼作業場所の屋敷を建てました。中には、海を監視する望楼のついた建物もありました。

ただ、いずれにしても日本全国のほかの場所と比べれば、和人の歴史はそれほど古いわけではなく、実質的にはこの200年ほどといえるでしょう。しかも、陸路ではなかなか難所だった場所で、鉄道の敷設や道路の開通にも非常に苦労をしていたようです。

19世紀はニシン漁の最盛期で、20世紀になると林業が盛んになった時期もあります。また1970年頃までは石炭の採掘でも賑わっていました。ところが、これらが産業としてすべて下火となり、急速に人口減少に転じていったのです。

つまり、この地域はひと稼ぎしようとした人たちが各地から集まってきた土地であり、人や物資を運ぶ経由地として機能してきたところでもあるのです。そこに住むことが目的になったのではなく、ある種の通過点として栄えてきたと言ってもいいでしょう。

もちろん、各地の宿場町などにも通過点として機能し栄えた場所は多くありますから、それ自体がいいとか悪いとか評価するものではありません。ただ「DNA」をあえて考えると、この地域にはもともとそういった人の流動性があるのです。

そうであれば、そこを無理やりに〝終の棲家〟や目的地型の観光名所にしようと図るのではなく、その地域の「ＤＮＡ」＝「独自性」をむしろ活かす発想のほうが、あるいは向いているのではないかとも思うのです。

たとえば短期滞在型のリゾートや保養施設であったり、長期といっても２年か３年の滞在を前提に、この土地での経験がその人のその後の人生に何か豊かなものをもたらすような場所にしていくのです。ずっと住み続ける人口を増やそうとするのではなく、一時的にここで暮らす人が増えていけばいいという発想のほうが、むしろこの〝地域らしい取り組み〟と考えられます。そのことで結果的には、永住する人が増えていくことも期待できます。ただ、まずはその地域らしさに根差した取り組みから始めるほうが自然でしょう。

なにも若い人の定住人口が増えるといった、東京のような街になることが地域活性のゴールだと考える必要はありません。また、観光客の増加はそれはそれでよいのですが、人口減少社会に突入した中で、日本の各地が外国人観光客の獲り合いをするというだけで、果たしてよいのかという問題もあります。

やはり、地方再生、地方創生をしていく上では、その土地の「独自性」をきちんと発見して、それを磨きあげていくという視点が不可欠だと私は考えます。

## 33　厳しい環境でこそできる体験

留萌管内は日本海に面しています。秋から冬にかけて、ここには強い季節風が吹き、波が高くなります。じつは、留萌沖の「波涛」はインドのチェンナイ（Chennai）、スコットランドのウィック（Wick）と並ぶ「世界三大波涛」に数えられています。１９８４年には高さ12・07メートルの波が観測されています。

かつて建設中だった留萌港のコンクリートが波で破壊されたこともあり、現在の留萌港の防波堤には、世界最大級の1個80トンもの巨大コンクリートブロックが使用されていま す。

留萌には「お天気カメラ」が設置されていて、日本海に沈んでいく美しい夕日だけでなく、冬場の激しい波もしばしばテレビニュースなどに登場します。そのためか、どうも留萌というと「厳しい自然環境」というイメージも一部に定着しているようです。

ただ、私はこうしたことをネガティブに受け止めて払拭しようとするのではなく、むしろ他にはない留萌の「独自性」だと受け止めて、それを活かしていくことが大事だと考えているのです。そこで暮らす人には厳しい自然環境であっても、他の土地に暮らす人には得難い体験になるからです。

たとえば、こうした自然を味わう体験型ツーリズムなども大いに可能性があると思います。中間層が急速に豊かになっているアジア各国でも、北海道はきわめて有名で観光地として人気があります。国によっては東京より北海道に行く観光客のほうが多いほどです。日本という安全で整備された国内にありながら、壮大な大自然があり、豊かな食に恵まれた北海道。中でも亜熱帯や熱帯の国々では味わえないのが、雪をはじめとする冬場の自然体験なのです。

## 34　逞しさを育む地

磨きあげていくべき留萌管内の独自性とは、「逞しさを育む地」に他ならないと私は考えています。地理・地勢・気候というものは、ふだん私たちが意識している以上に、そこにいる人間に影響を及ぼすものです。

そうであるならば、この留萌管内が有しているありのままの豊かで荒々しい自然は、時に過酷でありながら、同時に人を強く逞しく鍛え育んでくれる偉大な教師になるでしょう。旅行であれ、研修であれ、短期滞在であれ、この地を訪れて食を楽しみ、自然に触れることは、その人に知恵と力をもたらし、今後の人生を逞しく生きる自信と勇気を与えてくれる。

そのように留萌管内を捉えていくと、ここに来ていただくターゲットは「より強くなろうとする人（たち）」ということになります。それは、けっして特別な人たちとは限りません。私たちは誰でも「進学」「受験」「就職」「結婚」「昇進」「起業」など、人生の折々の節目に、今までよりも自分を向上させようと願うものです。挫折から再起しようとする時や、困難と格闘している渦中にも、人は〝強くなろう〟と思うでしょう。

留萌管内の地域コンセプトを明確にし、それを印象付けておくことで、人生にじつは数多ある〝強くなりたい〟タイミングに、この地を訪れるスイッチとして機能させることは可能なのです。

また、旅行客を増やし、観光収入を安定させていくためには、まず一度訪れていただく「トライアル客の獲得」と、それらの人々が人生のうちで何度も再訪してくださる「リピート客の獲得」が必要です。

とりわけ日本国内が少子高齢社会になっている今、「リピート戦略」はきわめて重要な課題です。国内の少子高齢化を踏まえ、多くの観光地はインバウンド（外国人観光客）の獲り込みに目先を変えていますが、国内の人に何度も訪れたいと思われない土地が、インバウンドをあてにしても限界があるでしょう。

留萌管内は、鳥取県の面積にほぼ匹敵する広さがあります。エリア内のどの地域にも共通して、美しい自然があり、その恵みに感謝し、厳しさに畏敬の念を抱く、人々の暮らしがあります。

他方で、前述したように8市町村それぞれに個々の地域意識が強く、管内エリアそのものへの帰属意識が弱い。国内で、この留萌管内への認知を上げていくためには、まずはこの8市町村が、それぞれの独自性を保ちながらも同じベクトルで前進していくことが不可欠です。この難しい課題に挑戦することそのものが、この地の価値である「逞しく生きる智慧」に一層の輝きを与えていくことでしょう。

この地域の一体感を阻害している一因が、行政による「留萌振興局」というネーミングだと私は感じています。メリットとして、実際に留萌市という自治体があるため、なんとなくエリアが特定されるように思われますが、それは留萌市の位置が全国的に認識されていてこそ成り立つ話です。

デメリットとしては、留萌市以外の7町村の人々にとって愛着と帰属意識を育みにくく、地域ブランディングのエネルギーが個々に分散されてしまうことです。しかし、それではかえって認知度が下がってしまいます。やはり、皆の思いが「広域るもいエリア」とも言うべき留萌管内全体に注がれていってこそ、地域ブランディングが有効になるのです。

私は、行政の名称とは別に、8市町村の人たちが共に誇りに思える「広域ネーム」を愛称として設定し、その名前の認知を推進していくことを提案しています。

その名前を聞けば、あの北海道の左上の〝辺〟を誰もが思い出し、人生の大切な折々に、「強くなるため」の「通過点」として訪れてみたくなる土地——。

そうした独自性を磨きあげて、最大限に魅力を味わってもらえる取り組みこそが、この留萌管内を活性化させていく本質だと私は考えています。

第6章

# リーダーは「決める勇気」を持て

## 35 ヴィジョンと実行の〝あいだ〟にあるもの

第4章で「ブランドヴィジョン」を構成する7つの項目を挙げ、これを整理し描いていくことがブランディングでは不可欠になるというお話をしました。自分たちのブランドは、あるいは自分という人は、将来どういう姿になっていたいのかを思い描いていくことが、すなわち〝ブランドヴィジョンを描く〟ことです。

その上で、企業がブランディングを成功させるために、どうしても欠かせないものが「決める勇気」なのです。

ヴィジョンを描いたならば、次はそのヴィジョンの達成に向かってスタートを切らなければなりません。あたりまえの話ですが、スタートを切らなければ何も始まらないからです。ところが、これが意外と難しい。ヴィジョンを描くことと、それを実際の行動に移すことのあいだには、飛び越えなければならない大きな谷間があります。

会社によっては、社内の人たちと何度も話し合い、ヴィジョンを描き出し、皆が「これ

ブランドヴィジョンの設定

**リーダーによる決断**

＋

**メンバーによる共有**

ブランドヴィジョンの実現

でいいよね」と納得したにもかかわらず、経営者や責任者がそこに向かってなかなか舵を切れないケースがあります。

人が何かの行動を起こす際には、そのようにしたいと思い描き、実行することを決め、そして行動を開始します。思い描くことと実行することのあいだには〝決める〟という「勇気」が存在します。寒い冬の日にベッドの中にいて、目覚まし時計のベルを止めてから、実際に布団をはねのけて起き上がるまでには、1つの「勇気」がいるのと同じです。

ではなぜ、せっかくヴィジョンを描いたにもかかわらず、そこで「さあ、これでスタートしよう」と決められないのでしょうか。きっと、当事者たちはけっして〝決めていない〟つもりはないのです。けれどもスタートが切れていないのならば、それは〝決めていない〟〝決められない〟のと変わりません。

いざ実行に移すことを躊躇するのは、もしかしたら市場の変化のスピードがあまりにも速くなっているために、今ここで決めても意味がないんじゃないかと思われるためかもしれません。情報が多すぎて決断しかねているのです。せっかく描いたブランドヴィジョンにもかかわらず、「それを実行に移して、もしもうまくいかなかったらどうしよう」「状況が変わったらどうしよう」と、弱気になって立ち止まっているわけです。

## 36 〝決める〟と〝柔軟な対応〟は矛盾しない

市場の変化の速度が速くなっていることは紛れもない事実です。3カ月前に決めたことが、早々に修正や転換を強いられることもあるでしょう。そうした変化に対して積極的かつ柔軟に対応していくことはとても重要です。

けれども、変化が早いからヴィジョンを描いたところで意味がないとか、ゴールを設定しても仕方がないというのは、やはり違います。たとえば船が日本から出てアメリカに向かう場合、現実には予想外の気象の変化などで航路を変更しなければならないことがあるかもしれません。だからといって、航路も設定せずに出航するとか、そもそも出航しないなどということはあり得ないでしょう。

ヴィジョンを描くことも、それを実行することも容易なことではありませんが、なんといっても、その実行に向けて〝決める〟ということが人にとっては本当に難しいことなのです。逆に言えば、真の意味で〝決める〟ことこそが重要であり、〝決める〟勇気こそが大きなパワーを生み出していきます。

世界最高峰のサッカーチームであるイタリアのACミランに入団し、背番号10をつけた本田圭佑選手が、小学校時代の文集に「ぼくは大人になったら、世界一のサッカー選手になりたいと言うよりなる。(中略) そして、世界一になったら、大金持ちになって親孝行する。Wカップで有名になって、ぼくは外国から呼ばれてヨーロッパのセリエAに入団します。そしてレギュラーになって10番で活躍します」と記していたことが話題になりました。彼は「〇〇したい」ではなく「します」と、まさに〝決めて〟いたのです。

それは単に「夢」を見ていることとは異なります。もちろん、人にとって夢は大切です。だからこそ、その夢を具現化していくためにヴィジョンがあります。誰に、どのように喜んでもらうのかを、徹底的かつ具体的に考え抜いていくことがヴィジョンなのです。描き出されたヴィジョンは、願望ではなく自分の決意です。そうであるならば、勇気を持って〝決める〟ことこそが、ヴィジョンの画竜点睛になるのです。

ヴィジョンを描き、ヴィジョンを実行に移すということは、状況の変化に柔軟に対応することと矛盾するものではありません。

組織の中で、ある立場の人がものごとを〝決める〟というのは、もしも失敗したならば責任を取らされることだと考えられがちです。だから、いざ〝決める〟となると腰が重くなる。会議を開いても、なんだかんだで結論が先送りされてしまう。そういうことをしている会社は、残念ながら少なくないように思われます。

しかし、私はこの〝決める〟という行為こそが責任者の果たすべき本来の「責任」だと思っています。〝決めない〟のは、その責任を果たしていない「無責任」です。もちろん、決めたことで何か問題が生じれば、当然それに対して責任をとらなければならないのですが、それ以前の話として、〝決める〟ことがその人に課せられている「責任」なのです。だから「責任者」といえるのではないでしょうか。

失敗した時に責任を取らされるから責任者なのではなく、〝決める〟という責任を負った人だから責任者なのです。〝決める〟ことこそが、その立場で報酬をもらっている人の役目なのです。

なんとなく昨今の日本社会の風潮として、責任を持つということがネガティブなニュアンスに受け止められているようにも思います。しかし、本来は社会に出て何らかの責任を託されることは、自分が認められたという喜びでもあるはずです。報酬というものもまた、働いた時間への対価であるだけでなく、その人が果たす責任への対価という意味合いがあると私は思います。

年齢と共に給料が上がったり、役職や肩書が加わることで給料が上がるのはなぜかといえば、過去の実績が評価されてということもあるでしょうが、なによりも与えられた責任が増すことに対して支払われる額も上がっているのです。

もちろん、責任を果たすというのは、なにも「長」がつく立場の人だけの役割ではありません。新入社員であったとしても、その人には果たすべき責任が生じます。仕事をするというのは、自分の時間を会社に切り売りすることでもなければ、苦役を引き受けることでもなく、自ら責任を引き受け、その責任を果たすことなのです。

このことは、私もまた口を酸っぱくして後輩たちに言ってきました。若いうちは給料がどうしても高くないので、ともすれば残業を増やして稼ぐようなことをしがちです。もちろん、責任を果たすためにやむなく残業することはあったとしても、とりわけ若い人が、お金を得るために自分の人生の時間を会社に売るようなことをしてはいけないと思うのです。

将来のことを考えれば、むしろ時間を作り出して、もっと人と会うようにしようとか、もっと自分を磨いていこうと考えたほうがいいでしょう。そうやって経験値を増やしていくことが、たとえばブランドヴィジョンを作る上でターゲットの気持ちを感じ取ることにも役立っていきます。

サラリーというのは古代ローマ時代の兵隊が報酬として塩をもらったことから、「塩の支給」を意味するソルトリウムが語源といわれています。しかし、もしも日本の多くの「サラリーマン」が、自分の時間を会社に捧げてサラリーをもらっていると考えているならば、社会全体がこうした発想から抜け出ていかなければ、やはり強いブランドを作っていくことはできないと思うのです。

## 37 「覚悟」はファン心理を生む

では、描き出したヴィジョンについて、〝決めて実行する〟とはどういうことなのか。まず、責任ある「長」の立場にある人は勇気を持って〝決める〟責任を果たさなければなりません。そして、決裁が出たならば、今度は関わる全員で〝共有〟することです。

実際に企業であれば、ブランドヴィジョンを作る作業をある部署の一人に任せたり、少人数で進める場合があります。しかしながら、ヴィジョンの実行に関わる部署や社員が多数になっていく場合には、ヴィジョン作成の段階からできるだけ多くの社員が関わるようにしたほうがいいでしょう。なぜなら、そのほうが〝共有〟に必要な時間を短くできますし、なによりもヴィジョン作成に関わったメンバーの「情熱の総量」を高めることができるのです。

私が企業からの依頼でブランドヴィジョンの設定に関わる時は、そのブランドに関係ありそうなセクションの方にできるだけ多く関わっていただくようにします。多人数の議論はまとまりにくく、時間を要することになるから非効率だと思われるかもしれません。しかしながら、その議論とそこにかける時間こそが情熱であり、熱い議論をつくっていく作業が強いブランドを作っていくことにつながるのです。そして、熱い議論を通して作成されたブランドヴィジョンに、事業部長なり社長なりの決裁が下される。そうなってこそ、それぞれの持ち場に帰ってヴィジョンを形にできるのです。

商品企画、製造、営業と、持ち場はさまざまです。もしもヴィジョンが曖昧なものであれば、共有することができずに各部署でブレてしまったり、勝手な解釈が始まったりしてしまいます。外注などで外部の協力会社と一緒に作業を進めている場合、ブレを放置しておくとそのまま伝播してしまいます。曖昧さを残したものやブレが生じているものは、高いモチベーションを生むことができません。

強いブランドというのは、強靭な「覚悟」を持っています。この〝これで行くぞ〟という「覚悟」こそ「決める勇気」と表裏一体のものなのです。

そして「覚悟」というものは、不思議なことにファン心理を形成していきます。いずこの国であれ、人は強い覚悟を持って進んでいる人に魅了され、そこに直接的にでも間接的にでも関わりたいと思うものではないでしょうか。私たちが先述したようなスポーツのスーパースターに魅了されるのも、彼らの超一流の技能もさることながら、じつは彼らの生きざまに貫かれている強い「覚悟」に触れ、そこから鼓舞されるものが大きいと思うのです。

## 38 〝決める〟という「因」に、未来の「果」が含まれる

「ブランドヴィジョン」は、未来に向かって描いていくものです。それは、自分は誰を、どのように喜ばせたいのかという設定であり、その喜びを作り出すために自分に何ができるかを発見していくものでした。

せっかく描き出したはずのヴィジョンなのに、これで実行しようと決めることができないとしたら、私はやはり、この「喜んでもらいたい」という情熱が十分でないのか、そこに偽りがあるかだと思います。

「あなたの会社は、誰にどのように喜んでもらいたい会社ですか」と尋ねられた時に、経営者も社員も、それこそバイトの学生さんでさえも、皆が迷いなくその答えを〝共有〟できているかどうか。実際には、社員はおろか経営者自身がよくわかっていないということもあります。

もちろん、直接的には消費者に触れ合いにくい会社や現場もあるでしょう。それでも、たとえば流通の担当者に喜んでもらいたいとか、仲卸の方に喜んでもらいたいとか、やはり自分たちが取引きをする相手先に喜んでもらおうとする情熱が大切です。その相手の嬉しそうな顔が見たいという思いが、社内のすべてのメンバーに共有されていなければなりません。

そこがなくて、ただ「買ってもらいたい」「売れればいい」というのでは、そのブランドを育て上げていく〝情熱の総量〟が増えるはずもありません。ブランドヴィジョンを実行へと決断する勇気というのは、まさに、この「喜んでもらおう」と決める勇気なのです。

創業者が経営のトップに立っている会社は、創業者自身に〝決める〟喜びがあるし、社員にもそのトップのモチベーションを共有していこうとする積極的な気風があるでしょう。

しかし、代が替わり、経営者自身がサラリーマン的になって、大きな危機もないままに会社が存続し、とりたてて問題もないというようなケースが一番危ないのです。そういう会社の中では、むしろ積極果敢に何かを〝決める〟こと自体がカッコ悪いという空気があって、決められないことが一種の社風にすらなっている場合があります。

なんとなく、このままではマズイなあと感じて「ブランディングの力で、なんとかひとつ」といっても、やはりまず、この〝決められない空気〟を変えていかないと何も始まりません。

ヴィジョンを描いたならば、「それを実行する」と覚悟を持って決めること。「このようになっていこう」「必ずこうしてみせよう」と決める。チームの皆で、社内の全員で、それを共有していく。この〝決める〟という「因」の中に、晴れやかなブランドの輝きという未来の「果」が、すでに収まっているのです。

自分はなんとしても、これこれしかじかの人たちに喜んでもらいたい——。その断固たる決意に、共感し力を貸そうという人や企業も集まってきます。不思議なもので、その断固たる決意が、商品のパッケージや広告を通して伝わっていくのです。決意は目に見えるものではありません。

しかしながら、その決意や決断が、さまざまな表現を通じて生活者の中に「好感」という形へ変化して形成されていくのです。

## 39 「業務」を「仕事」に変えるビッグバン

逆に言えば、思うように市場から評価されないなど、努力しているのに結果がついてこない場合というのは、やはり遡ってみると〝決めた〟時に本当に決め切れていなくて、思いがブレていたりするものです。

あるいは、ブランドヴィジョンとして描き出した項目のどこかに曖昧なものがあると、決めたつもりでも実際には決めたことにならなくなります。

その意味でも、ブランドヴィジョンとして掲げる項目はワンセンテンスくらいの明快な文章にしておいたほうがいいと私は思っています。たとえば、自分たちが喜んでもらいたいターゲットについて、「ここも狙いたいけど、こっちの人たちにも好かれたい」というふうに、曖昧ないいとこ取りや八方美人になってしまうと、結局は自分たちのやろうとすることが曖昧になってしまいます。

的の中心を矢で射抜くように、ヴィジョンが精度を持ち、それが勇敢に決断されてチームの皆で共有されること。この〝決める〟ことには時としてヴィジョンを描く以上の大きなエネルギーが必要ですが、だからこそ、ひとたび決めればビッグバン（宇宙の始まりの大爆発）のようになって、あとは自然と情熱のネットワークが広がっていくものです。

このビッグバンがあってこそ、社員のモチベーションが高まり、情熱が注がれていきます。そうなって初めて、「業務」ではなく「仕事」になっていくのだと思います。朝9時に出社して5時まで働いて帰るという中に、強いモチベーションが保たれているかどうか。形の上では与えられた「業務」であっても、自分の使命と役割を感じて、情熱を持って取り組んでこそ「仕事」になるのです。

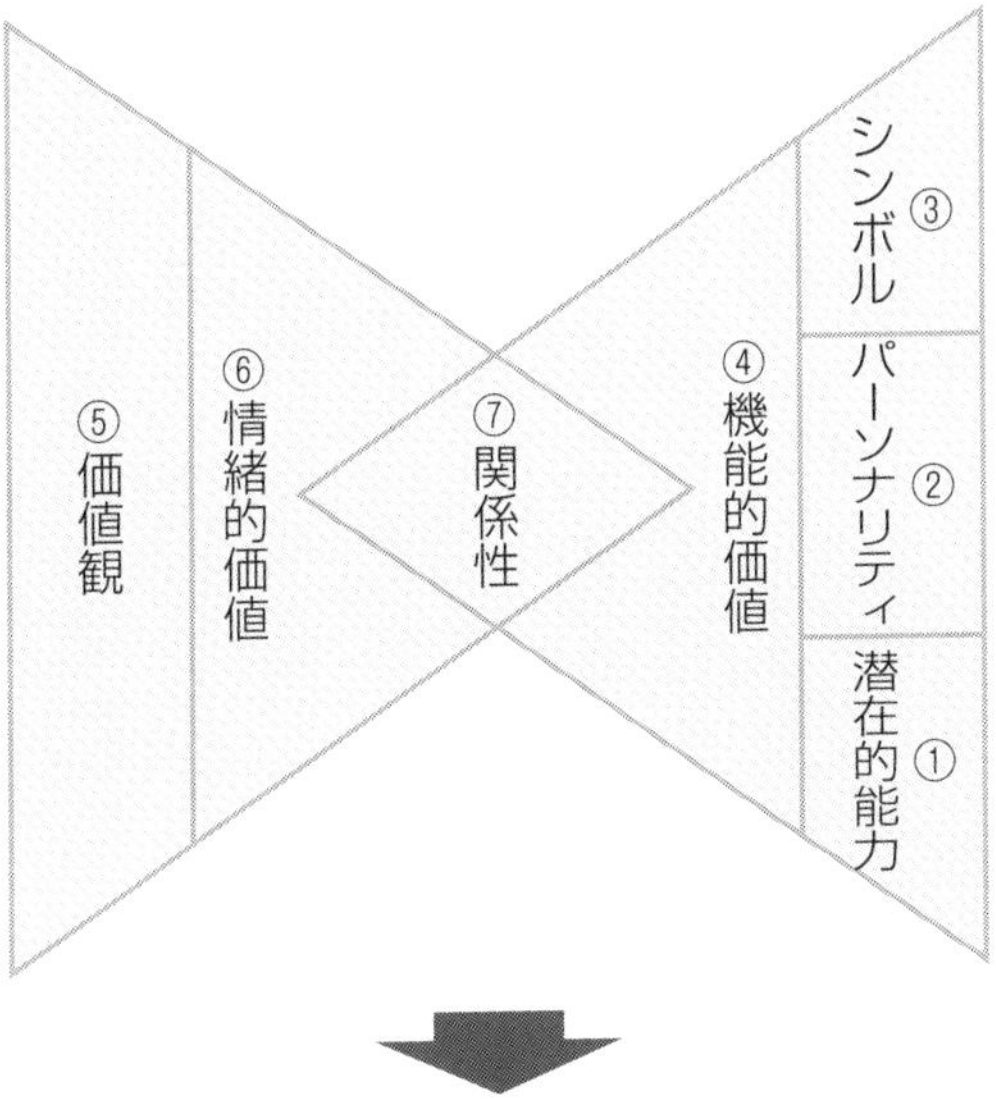

## ブランドステートメント

ブランド［○○○○］は、
［①　　　　　］といった潜在的能力を背景に
［②　　　　　］という性格を伴って
［④　　　　　］によって提供される
［⑤　　　　　］といった価値観を大切にするターゲットに
［⑥　　　　　］との喜びを感じさせるもので
ターゲットとの間で［⑦　　　　　］のような関係性を築きます
その価値は［③　　　　　］によって共有されます

## 40　時間軸のレイヤーごとのヴィジョン

ブランディングという作業は、まさに〝整理〟することです。ヴィジョンの精度を上げていく〝整理〟も大切ですし、一方で、そのヴィジョンの時間的なスパンを〝整理〟することも必要になります。

どういうことかというと、とりわけ企業などの場合、ヴィジョンにもさまざまなレイヤー（層）があります。

たとえば夏の季節商品であれば、その夏に売れなければなりません。すると、そのめざす夏に誰に喜んでもらいたいのかという視点から企画がスタートして、実際に商品が売れて、マーケットが終了するまで、仮定の話ですが1年半くらいになるでしょう。この場合、1年半というスパンでブランドヴィジョンを構築していくことになります。

これが、ある1つの事業ということになると、10年くらいのスパンになるかもしれません。10年経った時に、世の中からどのように評価されていたいのか、評価されているべきなのかを考えていく必要があります。さらに、会社として100年先にも存続していたいと願うならば、これは企業理念に近くなるかもしれませんが、やはり100年というスパンで考えるべきことがらが出てくるでしょう。

このヴィジョンの時間的なスパンは、当然ながらそのブランドの〝賞味期限〟と密接に関係してきます。そして、世紀を超えて存続していこうという志に支えられた企業の中で、時代の要請に照らしてある事業を開拓して、その中で来年の夏の商品としてこれこれのモノを出そうという場合、複数のレイヤーでスパンの異なるヴィジョンが同時並行で進んでいくわけです。

こうした「レイヤー」の発想は、個人の人生でも当てはまります。20歳の人が、いきなり50年後までのヴィジョンを立てることが難しかったとしても、30歳の自分をイメージすることならできるかもしれない。すると「30歳の時の自分はどのような人でありたいのか」と思い描いてみる。一緒にいる家族に、どのように喜んでもらいたいのか。どのような関係の他者に、どのように喜ばれる自分でありたいのか。こう考えていくことは可能です。

同時に、2年後に就職ということが待っていて、もう少ししたら就職活動を開始しなければならないとします。そうであれば、たとえば「26歳くらいになった時に、誰を喜ばせることのできる自分でありたいのか」と考えてもいいと思います。

就職活動をする学生には、ぜひヴィジョンを持ってもらいたいと思っています。というのも、やはり学生時代というのは社会の厳しさを知らないわけで、いざ社会に出てみると、お金をもらう以上は責任も求められるし、たしかに「社会は甘くない」と思い知ることになります。

その〝甘くない〟社会を生きていく上で、自分の挫けない志の原点になるのがヴィジョンです。自分は、誰をどのように喜ばせる人になりたいのかというヴィジョンが、思うようにならない厳しい日々の中で自分を支えてくれるのです。そして、もしも5年くらい働いてみて、そのヴィジョンと実際の自分とがなかなか一致していなかったとすれば、働き方を見直すか、ヴィジョンを修正し、あるいは描き直す必要があるでしょう。

だからこそ、就職というよりも、就職活動を始める前に、まず5年とか6年先までのスパンを持ったヴィジョンをきちんと描いておくことが大切だと私は考えています。未来の自分に対するヴィジョンを持たず、単に知名度とか給料で就職先を考えてしまうと、思うようにいかない社会の厳しい波をかぶるごとに、たちまち自分のあるべき姿を見失ってしまいます。

## 41 会社を立ち上げる前に「企業理念」をつくる

この章を締めくくるにあたって、私自身が起業した際に〝決めた〟ことに触れておこうと思います。

私は、それまで勤務していた広告会社を早期退職して自分の会社を興したわけですが、もちろん起業は初めての経験ですから、専門のコンサルタントからも助言を得ました。その折に言われたのが「会社を立ち上げる前に必ず『企業理念』を作ってください」ということでした。

会社というのは、ものすごく儲かる時もあるかもしれないし、反対に傾く時もあるかもしれない。けれども、最初に立てた理念がしっかりしていれば、おかしな方向に暴走させないための歯止めになるだろうし、苦境を踏みこたえて再起していく力にもなります。だからこそ、会社を立ち上げる前に理念を作らなければならないと言われたのです。

私は、これこそブランドヴィジョンと表裏一体のものだと理解しています。自分の会社は誰にどのように喜んでほしいのか。誰を幸福にしたいのか。ヴィジョンがないがしろにされ薄らいでしまえば、その帰結として売り上げや利益が優先順位の上位に来てしまうでしょう。そうなると、自分や社会を少々欺いてでも利益が出ればいいという発想に陥ってしまうのも時間の問題です。ブランドを強くしていこうという情熱や、誰のため、なんのために会社があるのかという自覚が下位に堕ちていけば、その会社は長く続かなくなってしまいます。

私の会社の理念は「ブランディングで企業と人を元気にする」です。企業と人を元気にするブランディングができなければ、私の会社の意味はないということです。

それをブランドヴィジョンで約せば、喜んでもらいたい相手は、現実の中でなかなか思うように事業が進んでいない企業かもしれませんし、事業をより発展させようと考える経営者かもしれません。あるいは、地域の活性化に奮闘されている地域住民の皆さんです。さらには、就活や婚活を含め人生の岐路に立っている人かもしれません。

それらの相手と一緒に進む「二人三脚」の関係性になって、頼りになる存在でありたいし、おかげさまで元気になりましたと言われるようになりたい。

私が提供できることとは、ブランディングというスキル、あるいはファシリテーターとしてのスキルを使って、相手の中でまだ顕在化していない価値を一緒になって発見していくということになるでしょう。

そして、どのような人格かといえば、仕事という面では妥協しないパーソナリティを貫きたいと思っています。また、私の強みはこれまでの経験であり、シンボルは何かといえば私自身ということになるでしょう。だからこそ実際に会ってお話をすれば、私という人間を即座に理解し共感してくださるのだと確信しています。

# 第7章

# 「幸福」を生む会社

## 42　すべての基軸は「人の幸福」

これまで本書でさまざまな角度から語ってきたように、ブランドを強くするためには、2つの必須条件があります。

1つは「ブランドヴィジョンが明確になっていること」です。

そしてもう1つは、その「ブランドに関わる人たちが幸せを実感できること」です。

ブランドという概念については、既に世上に少なからぬ書物もありますが、「幸せ」という視点を軸に据えたブランド論というものは寡聞にして知りません。

本書の冒頭で申し上げたように、無残にも「競争のための人間」「企業の利益のための人間」「社会のための人間」であった20世紀が過ぎ去り、いよいよ私たちは「幸せのための働き方」「人のための企業」「人のための社会」という、21世紀の新しい世界を切り拓いていくべき時を迎えています。「人」が利益の手段にされてきた時代から、「人」そのものを目的とする時代への転換が、今や世界の不可逆の潮流になっているのです。

人は、幸せを求める存在です。誰もが幸せになることを願って生きています。つまり「人」を目的にするためには、社会も、企業も、企業が生み出すブランドも、〝人の幸せ〟という一点に根差し、この一点へと向かっていかなければならない時代に入っている。これこそ、私がこの本を書こうと思った大きな動機でもあります。

同時に、これも本書で論じてきたように「ブランディング」というのは企業や商品・サービスについてはもちろんのこと、国家から個人に至るまで、人が関与する多様な局面で活かせるものなのです。そのためにも〝人の幸福のためのブランディング〟という背骨が終始一貫されていなければならないと思うのです。「なんのため」という目的がブレてしまえば、結局は目の前の数字だけに振り回され、激しく移ろいゆく時流に足元をすくわれてしまいます。

第7章では、この「幸せ」というところに焦点を当てながら、ブランディングについて包括的に考えていきたいと思います。

## 43 「幸福」は自分自身が作り出すもの

人にとっての「幸福」とは何かという問題は、深く哲学的なテーマであり、古今の幾多の先哲たちが真剣に模索し論じてきたことです。それを承知で、あえて私なりに言うならば、「幸福」とはまさに〝自分が、自分らしく生きること〟だと思うのです。

自分らしく生きる——。人はともすれば無意識のうちに、他者との比較によって自分を見てしまいがちです。誰かと比べて自分は何かを多く所有している。あるいは逆に、誰かに比べて自分は何かを得ていない。お金はもちろん、社会的地位、動産や不動産、容姿、健康、学歴、果ては恋人や家族の有無まで、どうしても他者が気になり、他者との比較の中で自分のポジションを確認したくなるのが、人情といえばたしかに人情かもしれません。また、そうした幸福の測り方が、メディアを中心に日本社会の中には溢れています。とりわけ産業革命以降の近代という時代は、大量生産、大量消費を促すために、積極的にこういう生き方を煽り立ててきたともいえます。

私たちは、たとえば身だしなみを整える時でも、自分の姿が他者の目にどう映るかを意識します。それは社会を構成する一員である以上、当然であり必要な配慮でもあります。外見的なことだけに限らず、自分という人間を見つめる視点に、他者との調和を図るための、あるいは他者への配慮としての「他者性」を持つことはもちろん大切なことでしょう。けれども、自分自身の幸福の「ものさし」を自分の外側に置く生き方は、どこまでいっても危うく不確かなものでしかありません。なぜなら、それは所詮「自分が他者からどう見られているか」という〝他者の目〟によってしか自分の人生の価値が定まらない生き方だからです。

世の中には、華麗な学歴や肩書を持ち、美貌に恵まれ、誰もが羨むような豪邸で暮らしながら、たとえば自分が老いていくことが受け入れられず、日々いたたまれない不安と恐怖を抱いているような人もいます。若くしてスターとなり巨万の富を得ながら、その才能や栄光の座が持続できないことでもがき苦しむ人もいます。

いかなる美男美女にも、秀才にも、有名人にも、富豪にも、「老いること」「病むこと」そして「死ぬこと」は避けられないものとして等しく降りかかってきます。仮にどれほど他人の目に幸せそうに映っていようとも、当人が侘しさや虚しさ、焦燥感に追い立てられて生きていたなら、悲惨な話でしかありません。

## 44 他者との関係性の中に幸福は生まれる

そう考えたならば、他人と比べてどうか、他人の目にどう映っているか、というようなことは、ある意味どうでもいいことがらなのです。むしろ、順風の時も波浪の日も、この世に生まれてきた自分という存在を肯定し、大切にし、精一杯磨きあげ、自分らしく生き切ることができたかどうかという一事のみが、私たちが人生の総決算で受け取るジャッジではないのでしょうか。

幸福は、他から与えられるものではなく、どこまでも自分自身が作り出していくものなのです。

その上で、幸福は他者との関係と切り離せないものでもあります。

私たちは地球上で自分だけで生きているわけではありません。家族や近隣、地域社会、さらには国際社会と、他者との網の目のような関連の中に自分という存在があります。他の人が嘆き悲しみ苦悩している隣で、自分だけが「私は自分らしく生きているから幸福だ」と満足できるはずなどありません。言ってみれば、人類史上初めて〝衣食足りる〟時代を迎えた今日、私たちは「自分だけの幸福」から「自他ともの幸福」へと生き方を転換していく必要があるのです。

自分自身を自分らしく磨きあげ、充実させていく。同時に、他者もまた自身を磨きあげ、充実した人生を生きられるようにする。「縁起」という言葉がありますが、この自他の関連性を見つめていけばいくほど、自分の幸福と他者の幸福は不可分のものであり、他者の幸福に貢献していくことが自分の幸福につながることがハッキリしていくと思うのです。

誰をどのように喜ばせたいのか。本書で取り上げてきたブランディングは、まさに自他の幸福がリンクしていることを指し示していますし、「自他ともの幸福」を実現しようとするヴィジョンなのです。

幸福とは、他人と比較して生み出すのではなく、他者との関係性の中で実現していくものなのです。

このことについて、もう少し考えてみましょう。

## 45 第一歩は、社員自身のモチベーション

第1章で述べたように、「ブランド」という概念も、これまでは「差別化」「識別性」というような他者との比較に力点が置かれていました。まさに、近代の消費社会の中にあって、人々は他者との比較相対の中で自分の満足や幸福を測ってきたわけですから、「ブランド」もそのような目線で論じられてきたのだと思います。

そうした尺度や価値観から卒業し、その会社が本来持っているもの、本来持っている使命を磨き出し、どこかの誰かのようにではなく、その会社らしく価値を放っていくこと。まさしく「独自性（＝らしさ）」を発見していくことこそ、これからの「ブランド」の基軸でなければならないと私は信じています。

そうなることではじめて、その「ブランド」に関わっている人――経営者も社員も、そこに関わる外部事業者も、ファンである顧客も――すべてが〝幸せ〟になっていけるのです。「ブランド」とは〝人を幸せにする存在〟であり、「ブランディング」とは〝幸せな関係づくり〟なのです。

このように考えていくと、企業そのものであれ商品やサービスであれ、ブランディングを進めていくためには、まずそのブランドに携わる第一の主体者である社員自身が〝幸せ〟を実感でき、そこから生まれる〝内発的〟なモチベーションを持っていないといけないことがわかります。

自分の会社、自分の職場、自分が売ろうとしている商品に「誇り」と「愛着」を持ち、自分自身がそのブランドとの関わりで〝幸せ〟を感じられていない人が、他者との幸せな関係づくりなどできるはずもないからです。

そのためには何が必要なのか。それは、とりもなおさず社員たちが〝幸せ〟を実感できる環境づくりです。

## 46 人を動かすのは「お金」ではない

『予想どおりに不合理——行動経済学が明かす「あなたがそれを選ぶわけ」』（熊谷淳子訳、早川書房、２０１３年）などの著者で、行動経済学の第一人者として知られる米国デューク大学のダン・アリエリー教授が、興味深い実験をしています。行動経済学というのは、経済学に心理学の視点を取り込み、経済活動において人が必ずしも合理的な行動をとらないことに着目し研究・実証していく学問です。

ダン・アリエリー教授は、「私たちはなんのために働くのか」ということ、すなわち仕事のモチベーションはどのような場合に高まるのかについて実験したのです。

あるコンピューターチップを製造する工場では、４日連続勤務で４日休むというシフトで労働者たちが働いていました。ここでは以前から４連勤の初日だけ、一定の基準以上の成果を上げている労働者にはボーナスを支給し、あとの３日間は通常どおりというシステムを採用していたのです。

教授は、この工場に協力を依頼し実験をします。

まず今までどおり「成果を上げた人にはボーナスを支給する」グループと、「成果を上げてもボーナスを支給しない」グループをつくりました。さらに「ボーナスを支給する」グループについては、①お金を支払う、②お金の代わりにピザのクーポンを渡す、③お金の代わりに上司から称賛のメッセージを渡す、という3つのグループに分けてみたのです。①は文字どおりのお金であり、②はモノであり、③はモノではない評価です。

果たして実験結果はどうだったか。当然ながら、何もボーナスをもらえなかったグループに対して、ボーナスをもらえたグループのほうが成果を上げました。人はやはり、何らかの報酬を得ることでモチベーションが上がるのです。

では、①から③のグループのいずれが最も成果を上げたか。答えは意外にも、どれも同じだったのです。お金であれ、モノであれ、称賛であれ、初日は同じように成果が上がりました。

ところが、2日目以降に変化が現れたのです。①のお金を支給したグループでは、翌日には15%も成果が落ちました。初日はもらえたお金が2日目にはもらえないことでモチベーションが下がったのです。最も成果が落ちなかったのは③の称賛のメッセージをもらったグループで、②のクーポンをもらったグループは2番目でした。

教授はこの実験結果を通し、人はお金によってモチベーションを保てると思われがちであるけれども、実際にはそうではないと指摘しています。従業員のモチベーションに最も好影響を与えたのは、金銭でもモノでもなく、上司からの称賛だったわけです。

なぜ人は褒められることでモチベーションを保てるのか。それは第一に、結果という形に結実した自分の姿勢や努力が評価されたことで、他の誰でもない〝自分〟という存在の価値を実感できるからでしょう。そして第二に、そのチームの中で、その会社の中で、自分という人間が自分以外の人たちのために何らかの役割を果たせていることを確認できるからです。自分という存在が〝他者の幸福〟に役立っていると実感できるからです。

つまり〝自分らしく〟価値を放つというのは、自分流に好きなように振る舞うということではなく、どこまでも〝他者の幸福の実現〟との関係性の中で、自分自身の存在価値の手ごたえを得られるということなのです。

## 47　モチベーションとは「誇り」と「愛着」

1つの例として紹介しておきたいのがスターバックスです。

スターバックスには「スターバックス・ミッション」と呼ばれる指標が掲げられています。それは、次のようなものです。

人々の心を豊かで活力あるものにするために――
ひとりのお客様、一杯のコーヒー、そしてひとつのコミュニティから

ご存知のように、スターバックスはシアトルに誕生した1軒のカフェから、全米へ、そして日本を含め60カ国2万2000店舗超（2015年現在）へと発展しました。その立役者が現在のCEOハワード・シュルツです。

自身の父親が不安定な日雇い労働者であったシュルツは、スターバックスの経営にあ

たって、なによりも〝労働者の働きやすい環境〟を重視しました。

スターバックスは、日本でもすでに1000店舗を超えていますが、それにもかかわらず、じつはサービスに関するマニュアルがほとんどないことで知られています。飲み物のレシピなどはもちろん厳格に規格が統一されている一方で、お客様や近隣との関わり方においては、その店舗ごとの裁量が重視され、独自に創意工夫がなされているのです。

スターバックスでは、従業員のことを「パートナー」と称していますが、パートナーとなった人には、「グリーンエプロンブック」という小冊子が渡されます。そこにはイラストと共に、パートナーに求められる次の5つの要件が簡潔な言葉で記されています。

1　歓迎する――どんな人でも親しみを感じられるように
2　心を込める――接する、発見する、対応する
3　豊富な知識を蓄える――自分の仕事を愛し、他の人と仕事の知識をシェアする
4　思いやりを持つ――自分自身を大切にし、互いに気を配り、環境を慈しむ
5　参加する――店に、社会に、地域社会に

マニュアルではなく、あくまでも理念が示されているのです。パートナーとなった人は、常にこの5点を確認しながら、自分は今この場面でどのように判断し、振る舞えばいいかを、自分で考えることになります。

そして、この「グリーンエプロンブック」の5項目に照らして、パートナー自身が他のパートナーを素晴らしいなと感じれば、「グリーンエプロンブックカード」というカードにそのことを書いて、本人に渡すというシステムがあるのです。受け取ったカードが先の5項目を満たせば、お店で正式に表彰されます。

こうした従業員相互の讃え合いという仕組みは、あの東京ディズニー・リゾートでも採用されています。東京ディズニー・リゾートとスターバックスは、いずれも根強いファンに支えられたブランドですが、その両者が共に、〝従業員を褒める〟ということを徹底して重視しているのです。そこには、「人が働く」ということに普遍的な1つの真理があると私は思います。

これらの企業に共通しているのは、そこで働く人自身が自分の仕事に対して〝内発的〟に抱く「誇り」と「愛着」が高いモチベーションを生んでいる事実です。そのために讃え合うということを実践しているのです。体育会的に気合いを入れるとか、号令をかけて「やる気」を出させるという話ではまったくありません。

日本人はどちらかというと阿吽の呼吸を尊ぶというか、思っていることを口に出さなかったり、はっきり言葉にして感謝を伝えることが苦手だったりします。けれども、ブランドが〝人を幸せにする存在〟であるためには、なによりもまず、そこで働く人たちが〝幸せ〟を感じられるように、きちんと称賛し合っていく企業風土を意識的に作っていくことが大切なのです。

# 第8章

# 「情報過多の時代」のブランディング

## 48　「情報の海」に身体を投げ出している時代

「称賛し合う会社環境」の重要性について、少し別の角度から考えてみましょう。

インターネット時代に入り、私たちの社会はかつて経験しなかった変化を迎えました。それは圧倒的な「情報過多」の時代になったということです。

まずは過去20年からの10年間の変化です。情報の流通量を調査・分析する総務省の「平成18年度情報流通センサス報告書」（２００８年）によれば、消費者が選択することのできる情報量は、その10年前の１９９６（平成８）年度に比較して、およそ５３０倍にまで膨れ上がっています。

１９９６年から２００６（平成18）年までの10年といえば、まさにインターネットが社会のツールとして本格的に普及していった10年です。その間に、私たちの周囲に溢れる情報量は５３０倍になった。インターネットの登場が、単なる通信手段の技術革新のみならず、社会の構造を根本的に変えたことを物語る数字です。

**1996年 → 2006年**
（平成8年）　　　　（平成18年）

選択可能な情報量：530倍に増加

⇕

消費可能な情報量：33倍に増加

情報流通量の推移　　（1996年＝100）

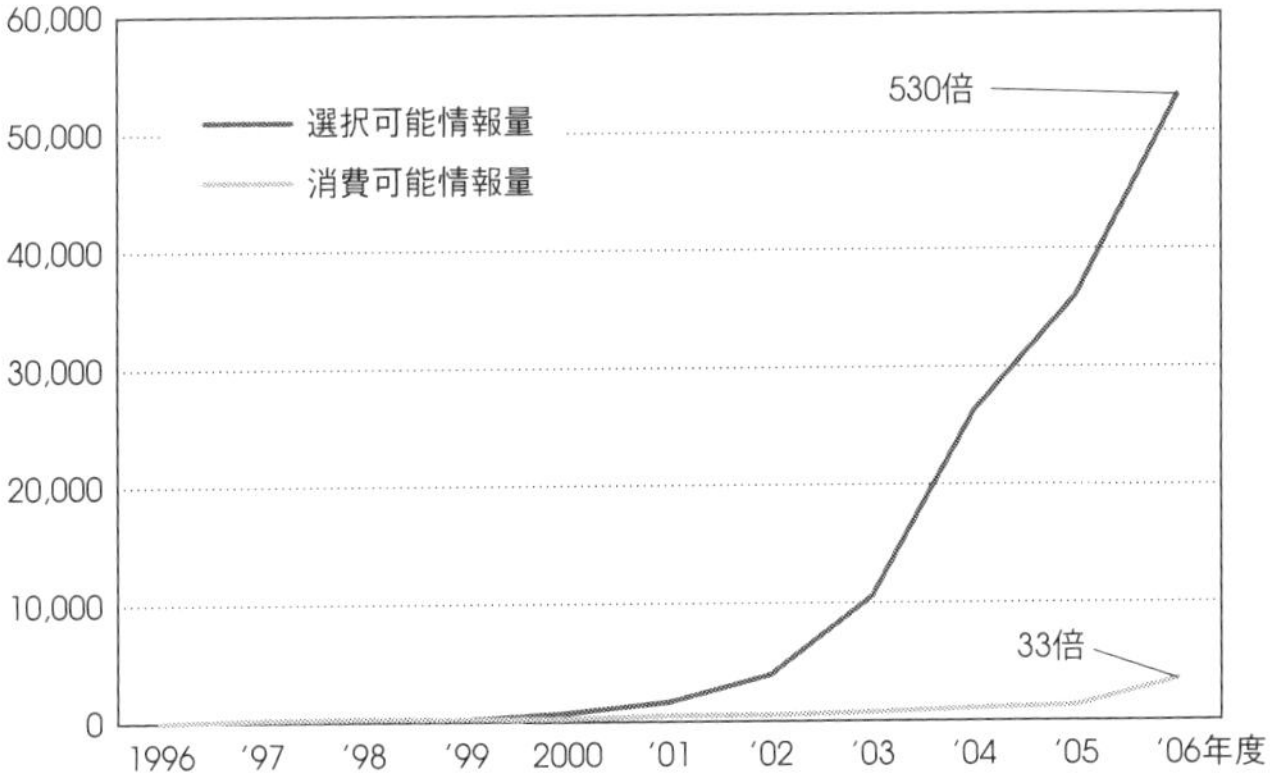


総務省「平成18年度情報流通センサス報告書」（2008年）より

しかし、実際に人々によって消費される情報量の伸びは、その10年間で33倍程度に留まっているのです。つまり、過去に経験したことのないとてつもない量の「情報の海」に身体を投げ出している状態なのですが、一方で私たちは大部分の情報を遮断しているのです。

選択可能情報量と消費可能情報量の相関を見ると、1999（平成11）年、すなわち1990年代の終盤あたりまでは両者のラインがほぼ一致しています。世の中に流通する情報は、ほぼすべて人々に消費されていたことがわかります。それが、21世紀に入ると急加速で選択可能な情報量だけが拡大し、実際には消費可能な情報量も急拡大はしているものの、とてもフォローしきれない状態が生まれているわけです。

さらに、その後のデータでは、2005（平成17）年から2014（平成26）年までの9年間で、国内のデータ流通量はおよそ9・3倍に増加しています（総務省「平成27年版情報通信白書」2015年）。

今や世界中で1分間に交わされる電子メールは2億通以上。動画共有サービスのYouTubeがサービスを開始したのは2005年ですが、運営母体であるGoogle社が20

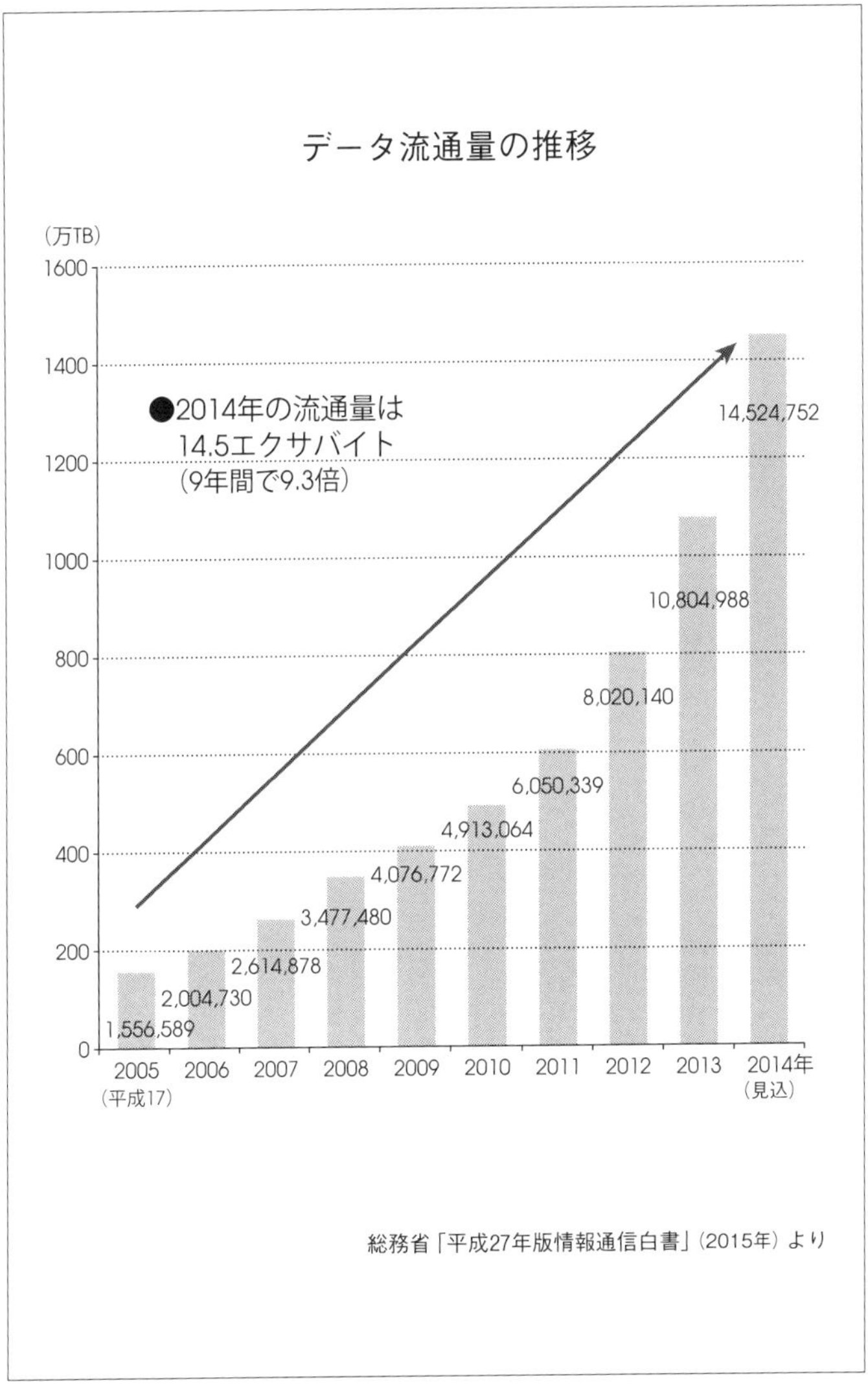
データ流通量の推移
(万TB)
1600
1400
1200
1000
800
600
400
200
0
●2014年の流通量は
14.5エクサバイト
(9年間で9.3倍)
1,556,589
2,004,730
2,614,878
3,477,480
4,076,772
4,913,064
6,050,339
8,020,140
10,804,988
14,524,752
2005
(平成17)
2006
2007
2008
2009
2010
2011
2012
2013
2014年
(見込)
総務省「平成27年版情報通信白書」(2015年)より

15年に発表したところによれば、この11年目の時点で既に毎分400時間超の動画が世界中でアップされるようになっています。1日あたりでは57万6000時間で、これは日数に換算すると2万4000日になります。当然ながら、物理的に私たちの人生の時間のすべてを費やしても、もはや片鱗に触れるくらいしか叶わないほどの情報が世の中に溢れ返っているのです。

## 49 探しているのは〝私が幸せになれそう〟な情報

その結果、何が起きているかというと、私たちは自分に関係がないと判断した情報は無意識に受け流すようになりました。そうしなければ、たちまち「情報の海」に溺れてしまうからです。

しかも、次から次に流れてくる情報に対して、その取捨の判断は瞬時に行わなければなりません。つまり、かつてはテレビコマーシャルや街頭の広告などを積極的に注意深く見ていたはずの消費者は、今ではむしろ〝不必要なものを遮断する〟ことを念頭に暮らしています。残念ながら、もはや〝物理的に〟広告は見られない時代になったと言えるのです。

とりわけ、敏感に遮断の対象になるのは「何かを売ろうとするメッセージ」です。数百倍にも膨らんだ情報の中には、売り手側からのメッセージも相当数含まれています。誠実なものもあれば、そうでないものもあります。物質的な豊かさは飽和状態に近づき、なくてはならないものよりも、特に自分には必要のないと思われるもののほうが、はるかに多いのです。かつてのように〝消費すること〟がそのまま幸福と感じられていた時代ではなくなり、人々は情報の洪水の前で用心深くなっています。

これは、私のように広告の世界にいる者にはなんとも複雑な話ですが、大量の広告を発信することでブランドのイメージが上がっていた時代は、もう過去のものになりました。「テレビＣＭでおなじみ」「有名ブランド」というようなことだけでは、人々は心を動かさない時代になっているのです。

しかしながら前述のとおり、広告を通して「幸せな気分」を提供できたとしたら、その商品やサービスはいくつかある選択肢から「選ばれる存在」になる、その可能性を高めることができるのです。つまり広告は、認知獲得のための手段から、ファン心理獲得のための手段としての役割へ変化し始めているのです。

たとえばあなたが今、スーパーマーケットにいたとして、財布の中には300円しかないとします。しかし、どうしてもビールを買いたい。売り場に行ってみると、2種類のビールがありました。1つは、有名メーカーのビールで220円です。もう1つは見たことのない無名格安のブランドで170円です。さて、あなたはどちらを選びますか？

有名メーカーのほうを選ぶと答える人は、おそらくいつも自分が飲んでいる馴染みの味であるし、安心できると考えるのかもしれません。あるいは、ともかくそのブランドのビールが好きなのだというかもしれません。

では、安い無名のメーカーを選んだ人はどうでしょう。理由としては、自分にとってビールは〝泡〟さえあれば基本はどれも一緒で、それよりも浮いた130円で何かツマミになるものでも買えたなら、ビールをもっと楽しめるじゃないかというかもしれません。

つまり、有名ブランドと無名ブランドのどちらを選ぶかは、その人の価値観の違いであって、どちらか一方が優れたブランドであるということではないのです。もちろん、

情報過多の時代

生活者が受け取る情報

＝

私が幸せになれそうな情報

≠

売ろうとするメッセージ

ビールを選ぶ価値観も、その人が何を〝幸せ〟と考えるかの違いですから、どちらが優れているという話ではありません。

高価なものを手に入れることが単純に幸福と感じられていた時代は過ぎ去り、人々は自分の価値観に合うものだけを選択するようになりました。「広告をたくさん見かけるから」「皆が選んでいるから」ということではなく、無意識に〝私が幸福になれそうな情報〟だけを選択して受け容れるようになってきているのです。

かつてのように大量広告が影響力を持たなくなってきた時代に、では何が人々の心を動かし選択を促しているのでしょうか。それは「個人」からの情報です。

思い返してみてください。この本を読んでいるあなた自身も、Facebookやブログなどでつながっている人たちからの情報で商品を選んだことはありませんか。あなたがそれらのSNSでつながっている人たちは、もちろん職場やサークル、同窓会などでの既存の人間関係を反映しているかもしれませんが、その中には「信頼のおける人」や「そのライフスタイルに共感できる人」などが含まれているはずです。そして、意識するにせよしないにせよ、あなたはそれらの特定の人々の発信する言葉や情報を通して、その視座を〝世界〟を覗くことに借りているはずです。

かつてはテレビコマーシャルに象徴されるマス広告が一斉に情報を更新し、人々はその情報を同時に受け取っていました。高度経済成長時代からバブル期、日本社会はみんなが同時に同じようなモノを買い、同じようなファッションに身を包み、流行りという名の同じような音楽を聴いて、同じようなものを食べてきたのです。この流れは、失速しながらも21世紀の始めあたりまで続いてきたように思います。

しかし、インターネットが普及し、さらにSNSが日常のツールとして定着した2010年代になると、このような画一的な情報の需給は崩壊しました。みんなと同じものを手に入れることが幸福と考えられていた時代は終わり、人それぞれの考える幸福の実現へ、まさに「自分らしく」生きることをめざし始めたのです。

テレビで繰り返されるコマーシャルや、駅のホームの対面に大きく掲げられている広告看板ではスルーしていたのに、Facebookの「友達」がタイムラインに投稿していた情報を見て、ある商品がすごく気になった。それは、自分が承認して「友達」になっている人から発せられる情報に、「私」を欺くものや偽りはないと信じているからです。

マスで一方的に注ぎ込まれる情報はむしろ遮断する対象であるけれども、自分が信頼し、その価値観やセンスに共感している個人からの情報は、むしろ注意を払ってチェックする。そういう時代に入っているのです。

## 50 個人の「幸せ」がブランディングの成功に不可欠

自分を幸せにしてくれる情報はどこにあるのか――。マスメディアの発信する大量の広告よりも、個人からの情報が重視される時代は、当然ながらブランディングにおいても「個人」を重視しなければなりません。

プライベートブランド商品については第4章でも触れました。スーパーやコンビニチェーンが開発するプライベートブランド（PB）に対し、メーカー主導で開発されている商品をナショナルブランド（NB）といいます。中には、PBとNBでパッケージや価格が違っても、中身は同じという場合もあります。

たとえばAというナショナルブランド商品と、それよりも安価なBというプライベートブランド商品があったとしましょう。

ある日、あなたの隣の住人と立ち話をしていて、その隣人が「じつは、私はAを販売している会社に勤めているんですよ」と話してきました。そして、「ここだけの話ですが、安価なBもわが社で製造していて、中身は一緒なんですよ」と教えてくれたとします。そうなると、多くの人は「それならば」と今度からはBを買うかもしれません。

でも、もしその隣人が、ふだんは会っても挨拶もしない人だったり、ゴミ出しのルールを守らないような人だったらどうでしょうか。せっかくAとBはじつは同じなのだと聞いても、それは隣人が少しでも売り上げを増やすためにウソを言っているのかもしれないと疑ったりするかもしれません。聞かなければよかったものを、印象の良くない隣人からそんな話を聞いたがために、もうAもBも買わないということすらあり得ます。

反対に、その隣人がいつも気持ちよく挨拶する人で、印象の良い人だったらどうでしょう。あなたは、「本当は値段の高いAが売れたほうが利益も出るはずなのに、わざわざ安いBを私に勧めてくれた」と考え、隣人の親切さに感動して、今後さらにこのメーカーのファンになるかもしれません。

極端な譬え話をしているようですが、人々が大量のマス広告よりも「個人」を重視する時代は、このようにそのブランドに関わる「個人」が思いのほか大きな影響をもたらすのです。一時期、飲食店の従業員が悪ふざけをした〝不適切な画像〟をSNSなどにアップし、それが〝炎上〟して店が閉鎖に追い込まれたり、倒産したりという出来事が連鎖しました。

たった一人の、しかもアルバイト従業員の不始末で閉店や倒産というのも常軌を逸した話だとは思いますが、裏を返せば、社会がそこまで過剰に反応せざるを得ないほど、ブランドにとって「個人」の発するイメージが大きくなっているのです。どんな広告を打つよりも、そこで働く従業員が、勤務中はもちろんプライベートも含め、日ごろ社会と接する個々の場面で信頼され好感を得ることが、その企業、そのブランドの高評価につながっていきます。

だからこそ、ブランディングにおいては、まずそこで働く一人ひとりが〝幸せ〟を感じられる環境を作っていくことが、非常に重要になってきているのです。

## 51　社長が率先する幸せな環境づくり

社員が〝幸せ〟を実感できる環境づくりへ、社長が率先して取り組んでいる例をご紹介しましょう。

九州の福岡県に、ニビシ醤油という調味料メーカーがあります。醤油や味噌といった発酵食品は、とりわけそれぞれの郷土の風味を色濃く反映し、その土地ごとに愛される個性があります。ニビシ醤油もまた、九州の食文化を支える味作りをモットーに歩んでおられる企業です。

１９１９（大正８）年の会社創立ですから、２０１９年に創業１００周年を迎えます。そこから創業２００周年へ、どうつないでいくか。同社の末松繁雄社長は、「無形資産の価値向上が、次の１００年を支える資源になる」と考え、ブランディングの重要性を理解されて、その取り組みを始められました。

無形資産というのは、バランスシートには計上することの難しい物質的な実体のない資産です。すなわち従業員の技能といった人的資産、特許や著作権といった知的資産、さらには企業文化や経営管理プログラムといったインフラストラクチャ資産がこれにあたります。

ものづくりメーカーというのは、伝統の技術や優秀な職人の技能に下支えされる場合が多い。そして、そういった〝職人気質〟の人が多い会社ほど、ともすれば「いいものを作れば評価されるはずだ」という思い込みがあります。ここまで読んでこられた方は既にお分かりと思いますが、そこには単なる作り手側の思いだけしかなく〝誰を、どのように幸福にするのか〟が欠落しがちなわけです。

ニビシ醤油では、ブランドヴィジョンを「心躍る美味しさの感動と家族の笑顔」と掲げました。言うまでもなく、醤油は日本の食文化に欠かせないものです。調理の過程に使うのはもちろん、新鮮な風味を楽しむ調味料として、食卓でも使われます。新鮮で美味しい醤油は、食事のひとときを極上のものにしてくれます。

同社は、その〝家族が集まり、笑顔がこぼれる一家団欒〟の食卓を演出するということをヴィジョンとして掲げたのです。原料選びや製法へのこだわりにおいて、今まで以上に本物の美味しさへの妥協なき挑戦をしていく。なおかつ、毎日使うものですから、手軽に本格的な味を楽しんでいただけるようにしたい。そういった醤油を作るメーカーになるのだということを、全社員で明確に共有するためのブランドヴィジョンです。

## 52 モノからヒトへ。幸せな関係づくりへ

それは換言すれば、「いいものを作れば評価されるはず」という従来の〝モノ〟への視点から、「使う人」「社会」に自分たちが何をもたらしていくのかという〝幸せな関係づくり〟へ、社員全体のまなざしを転換する作業です。

同時に、末松社長は「褒め合う組織」への取り組みを始めました。これまでも同社では優れた社員やセクションを表彰してはきたのです。けれども、それは特別な機会に限られていました。

そこで、それらの機会とは別に日常の業務の中でも、社長自らが率先して、メールや手

紙などで社員に励ましのメッセージを送るようにしたのです。このトップの意識変革は、ほとんど自然発生的に社内のさまざまな現場にも変化をもたらしました。企業文化として「互いを讃え合う」ということが、ニビシ醤油の中に生まれ始めたのです。

もし、お店の棚やネットショップでニビシ醤油の製品を見つけたら、働いている人たちが〝幸せ〟を感じている会社で作られている調味料だと思ってください。人や社会との〝幸せな関係づくり〟というのは、すべてのものづくりメーカーにとって点睛となる一点だと私は思っています。

「いいものを作れば評価されるはず」というのも〝心〟の問題ですが、「誰を喜ばせたいのか」というのもまた〝心〟の問題なのです。その意味ではニビシ醤油は社長から率先して、この〝心〟の転換を果たしたともいえます。

## 53 ブランドは「心」で作るもの

私の友人で、勤めていた大手企業を辞め、世界中をバックパッカーで旅してきた男がいます。帰国した彼と話をしていて、どんな土地が良い思い出として残ったかと聞くと、仮に言葉が通じなくても一生懸命にコミュニケーションを図ろうとする人たちと出会えた場所だったというのです。逆に、良い印象を持てなかった土地というのは、日本人だと思って「シャチョウ」「シャチョウ」というような怪しげな日本語で、巧みに取り入って財布を開けさせようとするような人々がいたところ。

２０２０年の東京オリンピック・パラリンピックに向けて、東京の街も日本という国全体も、どのように世界の人たちを迎えるのかという議論が盛んです。公共交通機関に外国語のアナウンスを入れるとか、英語の看板をつけるとかいったハード面の整備もたしかに必要でしょう。しかし、なによりも求められているのは、受け入れる日本の人々の〝心〟の問題だろうと私は思います。

たとえば都会の大きなホテルやデパートは外国人を歓迎しながら、同じ東京であってもローカルの飲食店や旅館になると「外国人お断り」みたいな対応をするところが珍しくありません。言葉が通じないから、互いにトラブルになることは避けたいというのがたいていの理由です。

けれども、相手も旅をするという目的を持って異国である日本に来ているのです。言葉がうまく通じなくても、それでも意思の疎通を図ろうとし、相手を受け容れてもてなそうとする心があれば、結果的には旅の良い思い出になり、日本という国を愛するきっかけになるでしょう。こちらも、新しい発見や出会いを経験できます。

「言葉が通じないからお断り」というのは、じつは言葉うんぬんは口実であって、効率の悪い面倒なことは避けたい、異質な人々は受け容れたくない、という硬直した〝心〟の表出にほかならないのではないでしょうか。日本あるいは東京というブランド作りで「おもてなし」というのなら、何をするかという形の問題以前に、私たち自身の〝心〟の転換を図っていかなければなりません。

ブランドというものは、所詮は〝心〟で作っていくものなのです。

## 54　「心」は世界を動かしていく

弱く結合した2つの超伝導体の間に超伝導電流が流れる「ジョセフソン効果」を大学院生時代に予測したことで、1973年にノーベル物理学賞を受賞した英国の物理学者ブライアン・ジョセフソン氏は、今や別の分野の第一人者として世界的に注目を集めています。

それは、意識や生命といったものをも包含する新しい物理学の領域の構築です。人の「心」の持つ力を、物理学の領域として研究解明していこうという取り組みです。興味のある方は、『NHKスペシャル　超常現象――科学者たちの挑戦』（梅原勇樹・苅田章〔NHK取材班〕NHK出版、2014年）などをご覧になるといいかもしれませんが、ジョセフソンは人の「心」の力が、物理的な世界に影響を与えることを量子論によって解き明かそうとしています。

彼は、こうした人の〝心〟の秘めた力がこれまで学問の世界で正当に扱われてこなかったことを、アルフレート・ヴェーゲナーの提唱した「大陸移動説」が、彼の死後数十年を経るまで認められなかったことになぞらえています。これから科学が発達すればするほど、テレパシーなど人の〝心〟の力が証明されていくだろうというわけです。ＮＨＫスペシャルで放送されていた、人の興奮が乱数発生器に乱れを生じさせる実験など、私も興味深く観ました。

それはともあれ、こうした世界最先端の研究成果を見ながら、私は「不思議だな」というよりも、むしろ自分の確信が一層強まったという感じがしました。

俗に言われる「気の持ちよう」というような消極的なニュアンスではなく、もっと強い意味で、やはり人というのは自身の〝心〟を反映させて生きていくものだと私は思っています。だから自分自身も経験的実践として、何かをする時は必ず、それが成功するイメージを強く持って取り組むようにしているのです。確信をもって、「必ずこうなる」と決めて、踏み込んでいく。重要なプレゼンテーションをする時も、家で生まれて間もない子どもを寝かしつける時も、いつもそのようにしているのです。

すべては人のなしゆく行為です。だからこそ、本書で語ってきたように、１つのブランドを作り上げていく上にあっては、〝なんのため〟にというヴィジョンがハッキリと定まっていなければならない。

自分たちは、なんのために、誰を幸せにするために、この仕事をしていくのか。チーム全体のその〝心〟がクリアであり一致していてこそ、爆発的な力も生まれます。その〝心〟が、応援しようというファンを呼び寄せ、困難をもチャンスに転換していくのです。

第9章

# 裏側に縫い込まれた宝石

## 55　未来志向の島・壱岐

台風一過の澄みきった青空のもと、鳥のさえずりで目を覚まし、私は今、壱岐島にある旅館の一室でこの結びの章を書いています。壱岐は、博多港から高速船で1時間余りのところに位置する長崎県に属す島です。古くから対馬とともに、朝鮮半島と九州を結ぶ海上交通の中継地となってきました。

縄文から中近世まで数多くの遺跡が残り、各時代の遺物をとおして通史的にその文化を見ることができる島といえます。ふだんは東京で仕事している私が、この原稿を壱岐という地で書いているのには理由があります。

1つは、本書の執筆にあたっているタイミングで、この島のブランディングをご依頼いただいたことです。これまで8度の訪問を重ね、島の方たちとのワークショップを通じて、壱岐の「らしさ」を発見し未来を語り合いました。

その中で気づいたのは、国内にはびこる閉塞感とは裏腹に、この島の人々はとても未来志向で、いい意味の楽観性に富んでいるということです。ブランドヴィジョンは未来に向かって描くべきとの、本書の考えにとても合致した風土を私は壱岐に感じるのです。

そして、もう1つの理由は、壱岐の人たちがとても大切にしていることに、私もまた共感できたことです。壱岐の人たちは歴史という「過去の智慧」を大切にし、自然や神仏といった「人を超えた存在」に対する畏敬に満ちています。それらが風土の伝統として根付いている。そのまなざしが、今度は目の前にいる人をリスペクトし、自然や神仏を畏敬するように大切にする。こういう精神性がそこにはあるのです。

ブランディングを推進する上に必要なことは、この2つでした。

ブランドヴィジョンを明確に描くこと。

関わる人が幸せを実感できること。

関わる人が幸せを実感できるようにするためには、さまざまな工夫が必要であることは、本書で述べてきました。その前提になるのは、「人（他者）へのリスペクト」です。社員や従業員への尊敬なくして、いくら組織づくりを進めても、それは制度でしかなく、真に「幸せを実感できる組織」にはなりません。

繰り返しになりますが、ブランドは顧客と共に育てていくものです。その発想は、ターゲットを単に売り上げや利益をもたらしてくれる存在と見るのではなく、共にブランドを育てていく存在と認識することです。その前提として、やはり心からの「人への尊敬」が必要になってくるのです。

## 56　衣の裏の珠の譬え

あるところに、一人の男がいました。

彼は、一獲千金を夢見て旅に出ることを考えていました。そして、旅に出る前に親友にしばしの別れを告げようと、彼の邸宅を訪ねます。親友はとても裕福なことで知られていました。

親友は男を歓待し、旅の門出にと、その夜はご馳走や名酒がふるまわれました。ふだんは飲み慣れない美味しい酒に、男はすっかり酔いつぶれて眠ってしまいます。

翌朝、邸宅の主である親友は、公用があって早くに出発することになりました。友情に厚い彼は、酔って眠っている友に餞別として高価な宝石を贈ろうと思いました。それで、なくしてしまわないように、眠っている男の衣服の裏側に、その宝石を縫い込んでおいたのです。

さて、昼過ぎになってようやく目を覚ました男は、親友の邸宅を出て、長い旅に出ます。男は、まさか自分の粗末な服の裏側に高価な宝石が縫い込まれているとは知りません。

長い歳月、男は諸国をさまよいましたが、夢見ていたような儲け話も金銀財宝もなく、すっかり落ちぶれた姿になって故郷に帰ってきました。そして、久方ぶりに裕福な親友に再会したのです。

親友は、男の貧しい姿を見て驚きました。そして、こう言ったのです。

「あの時、僕が君の衣服の裏側に高価な宝石を縫い込んでおいたことに、君は気づいていなかったのだね」

男は、あわてて自分の服の裏側をまさぐってみました。そこには、見たこともない素晴らしい宝石が輝いていました――。

この話は、東洋の古い叡智である「衣の裏の珠《たま》の譬え」です。どこかにあると思って探していた〝幸せの青い鳥〟は、別の場所ではない、ほかならぬ自分自身の内側にあった。男は、毎日毎日、その無上の宝物を持ったまま、それと気づかずに外の世界に目を奪われていたのです。

自分を幸福にしていく無限の力は、本来、自分の内側にあるのに、人々はそれがわからずに外の誰かに幸福にしてもらおうと願っている。外に幸福の鍵を探している。

まさに、この服の裏側に縫い込まれていた宝石こそ、本書で問い続けてきた「らしさ」であり「独自性」なのです。インナーブランディングとは、この〝内なる宝石〟を発見し、それに磨きをかけ、自分も社会も幸福になっていく作業です。

何が流行っているとか、どこの会社が成功したとかいった「外なるものさし」で自分を測るのではなく、自分は、そして自分の会社は、なんのために、誰を幸福にするために存在するのか。それがあなたや、あなたの会社の〝裏側に縫い込まれた宝石〟なのです。

どこかの誰かのようになるのではない。自分自身の中にある「らしさ」を発見して、取り出して、磨きあげて、その光で自分と社会を輝かせていく。自社の独自性への「誇り」と「愛着」から生まれるモチベーションこそが、「売れる商品」を生み出す原動力になるのです。

〝他者の幸福〟との関係性の中で、本来の自分、本来の使命を果たしていく。そこに個人としての幸せと共に、会社の永続的な発展が生まれ、社会全体の幸福が築かれるのです。

# 彩楽《さら》へ——あとがきにかえて

貴女が学校での教育を終え、社会に飛び立つであろう2036年。貴女の目には、どんな社会が映っているだろうか。

今よりも、みんなが笑顔で、楽しく会社に向かい、生き生きと仕事に取り組んでいる姿を、私は思い描いている。人と人とが未来を語り合い、企業と企業とが手を携えて、より良い未来を創っていく。

考えてみてごらん。そんな世の中って、とってもワクワクするし、楽しみだろう。あたりまえのことが、あたりまえにできる社会になってほしい。貴女が大きな翼を広げて羽ばたいていく世界が、今よりもっと幸せであってほしい。

そう願って、パパはこの本を書きました。

# 謝辞

本書の執筆は私自身にとって、もう一度会社とは何か、ブランディングとはいかなるものかを整理するきっかけになりました。これまでお世話になった多くの方々からのアドバイスやご協力があったからこそ、一書にまとめることができたと感謝しております。

広告主やクライアントの皆様。かつて共に汗を流した電通や協力会社の皆様。皆さまとの貴重な経験を通じて、ブランディングのあるべき姿を発見できたと思っています。

本書出版にあたりご尽力いただいた論創社の森下紀夫さん。編集作業を進めてくださった東晋平事務所の皆様。私の頭の中を綺麗に整理し直してくださった一凛堂の稲垣麻由美さん。皆さまに、改めて心より感謝申し上げます。

そして、最後まで読んでくださった読者の皆様、ありがとうございます。

２０１６年７月

井尻　雄久

# 参考文献


マーシャル・マクルーハン（栗原裕・河本仲聖訳）『メディア論――人間の拡張の諸相』みすず書房、一九八七年

ダニエル・ピンク（大前研一訳）『モチベーション3・0――持続する「やる気！」をいかに引き出すか』講談社、二〇一〇年

ダン・アリエリー（櫻井祐子訳）『不合理だからうまくいく――行動経済学で「人を動かす」』早川書房、二〇一四年

ダン・アリエリー（熊谷淳子訳）『予想どおりに不合理――行動経済学が明かす「あなたがそれを選ぶわけ」』早川書房、二〇一三年

デービッド・A・アーカー（阿久津聡訳）『ブランド・ポートフォリオ戦略――事業の相乗効果を生み出すブランド体系』ダイヤモンド社、二〇〇五年

岩崎邦彦『小さな会社を強くする ブランドづくりの教科書』日本経済新聞出版社、二〇一三年

岩下充志『ブランディング 7つの原則』日本経済新聞出版社、二〇一二年

岩田松雄『ミッション――元スターバックスCEOが教える働く理由』アスコム、二〇一二年
岩田松雄『ブランド――元スターバックスCEOが教える「自分ブランド」を築く48の心得』アスコム、二〇一三年
桶谷功『インサイト――消費者が思わず動く、心のホット・ボタン』ダイヤモンド社、二〇〇五年
坂本光司『日本でいちばん大切にしたい会社』あさ出版、二〇〇八年
佐藤可士和『佐藤可士和の超整理術』日本経済新聞出版社、二〇〇七年
佐藤尚久『明日の広告――変化した消費者とコミュニケーションする方法』アスキー、二〇〇八年
田坂広志『これから何が起こるのか――我々の働き方を変える「75の変化」』PHP研究所、二〇〇六年
塚越寛『リストラなしの「年輪経営」――いい会社は「遠きをはかり」ゆっくり成長』光文社、二〇〇九年
塚越寛『幸せになる生き方、働き方』PHP研究所、二〇一二年
電通abic project編（和田充夫他著）『地域ブランド・マネジメント』有斐閣、二〇〇九年
電通インナーブランディングチーム（桑畑英紀著）『自分ゴト化――Inner branding』ファーストプレス、二〇一一年
林まゆみ編（延藤安弘他著）『地域を元気にする　実践！　コミュニティデザイン』彰国社、二〇一三年
博報堂地ブランドプロジェクト編著『地ブランド――日本を救う地域ブランド論』弘文堂、二〇〇六年

[著者]

## 井尻雄久
（いじり・たけひさ）

ブランディング・ディレクター
株式会社B＆C Lab 代表取締役

1968年生まれ。法政大学卒業後、株式会社ジェイアール東日本企画に入社。JR東日本「JR Ski Ski キャンペーン」のトータルプロデュース。

株式会社電通に転職。セブン－イレブン「ブランディングプロジェクト」、明治「キシリッシュ新商品企画プロジェクト」、NEC「企業向けITソリューション」、全国LPガス協会「業界団体ブランディング」などを担当する。

2013年、株式会社ブランディング＆コミュニケーションズ・ラボを設立（2016年現社名に変更）。北海道留萌振興局、長崎県壱岐市などの地域ブランディング。NEC、ジェクトワン、第一環境、ニビシ醤油などの企業ブランディング。マーケティング、企業広報、パーソナルブランディングに関する講演など。事業活動に潜む本質的な課題を顕在化させ、部門や企業を横断する課題にも解決の糸口を見出していく。コンセプトメイキングからネーミング、パッケージデザインのディレクションまでトータルなブランディングワークは、企業のみならず自治体や店舗経営者からも高い評価を得ている。ACC賞受賞。東京インタラクティブアドアワード・ファイナリスト。
info@bandclab.com

# 「売れる商品」の原動力

## インナーブランディングの思想

2016年7月20日　初版第一刷印刷
2016年7月25日　初版第一刷発行

著　者　井尻雄久

発行者　森下紀夫

発行所　論　創　社
東京都千代田区神田神保町2－23
北井ビル
tel. 03－3264－5254
fax. 03－3264－5232
web. http://www.ronso.co.jp/
振替　00160－1－155266

組版・装幀　永井佳乃
印刷・製本　中央精版印刷


ISBN978-4-8460-1553-4 C0034